철학자들의
토론회

인생의 고민 앞에서
철학자들을 만난다면

철학자들의 토론회

하타케야마 소 지음 ㅡ 타키 레이 그림 ㅡ 김진아 옮김

 프런티어

철학은 삶의 고민에서 시작된다

갑작스럽겠지만 질문을 하나 던지겠습니다. 당신은 지금 무슨 고민을 하고 있나요?

공부, 일, 돈, 인간관계, 죽음, 인생… 떠오르는 대로 열거하자면 끝이 없을 겁니다. 그런데 그런 고민이 떠오를 때 어떻게 하나요? 인터넷을 검색하거나 트위터나 메신저 애플리케이션을 켜지 않나요?

평소 저는 '요요기제미나르'라는 입시학원에서 수험생들에게 윤리와 정치·경제를 가르치고 있습니다. 학생들을 가르치다 보니 아주 오래전 살았던 사람들이 깊이 고민했던 문제들과 현대인들의 고민에 여러 공통점이 있다는 것을 알게 됐지요. 부처는 이 세상에 '생로병사'라는 네 가지 고통이 있다고 보았는데, 대부분의 인간이 바로 이 탄생, 노화, 병, 죽음이라는 단계에서 고민을 하지요.

사실 그런 고민이야말로 철학을 낳았다고 해도 과언이 아닙니다. 철학이란 결코 어려운 것이 아니라 사물의 본질이나 본디 있어야 할 모습을 진지하게 음미하고 대화하는 작업이기 때문입니다.

그렇습니다. 이미 많은 철학자들이 우리가 품고 있는 삶의 질문들에 대해 이미 깊은 고찰을 거쳤습니다. 몇천 년이 넘는 아주 옛날부터 그들이 오랜 시간을 들여 찾아낸 수많은 고민의 본질, 그건 현대를 살아가는 우리에

겐 인생을 단단하게 만들어 줄 인생의 영양제가 될 것입니다. 이런 것들을 모른 채 살아간다면, 참으로 안타까운 일이겠지요.

그래서 이 책은 고민하는 현대인의 물음에 답하고자, 가공의 사회자인 소크라테스의 진행으로 철학자 두 사람이 찬성파와 반대파로 나뉘어 토론하는 형식으로 구성되어 있습니다. 찬성과 반대의 구분이 늘 명확한 건 아니지만, 대화를 통해 각자의 생각과 사상을 접하고, 더 나아가 명쾌하게 풀이된 도해로 확실히 이해할 수 있게 됩니다. 철학에 대한 이런 독특한 접근은 분명 당신의 고민 해결에도 도움이 되어줄 것입니다.

첫 장부터 차례대로 읽어도 좋고, 자신이 가진 고민에 가까운 내용부터 읽어도 좋습니다. 완벽한 해답이 아니라도 그곳에 이르는 데까지 거쳐 간 생각이나 철학적 발상에도 많은 힌트가 숨어 있습니다. 혹시 관심이 가는 철학자가 있다면 그의 저서나 해설서를 찾아 꼭 한번 읽어보세요.

철학이라는 인생의 영양제를 흡수하여, 당신의 고민이 해결되고 인생이 더욱 충만해지기를 진심으로 기원합니다. 그럼 시작해 볼까요?

하타케야마 소

현대인	아아, 또 팀장님한테 혼났어. '생각 좀 하고 살아라!'라니. 나도 깊이 생각한 건 아니었지만 생각하는 게 무슨 의미가 있지? 그런다고 별다른 수가 있겠어? 그렇게 열심히 생각한 결과물이 생각보다 시시하다면?
소크라테스	이런, 뭔가 고민이 있으신 얼굴이네요. 무슨 일이 있나요?
현대인	누, 누구세요?! 혹시 종교 권유… 뭐, 그런 건가요?!
소크라테스	제 소개를 드려야겠군요. 저는 소크라테스입니다. 고대 그리스의 철학자지요.
현대인	네에? 소크라테스라니, 엄청 옛날 사람이잖아? '그' 소크라테스가 지금도 살아 있을 리가 없잖아요! 누구 놀려요?
소크라테스	아, 아뇨. 놀리는 게 아닙니다. 진짜가 맞습니다. 현대의 인간 사회가 재미있어 보여서 잠시 놀러 온 거지요.
현대인	아아, 네……. (이상한 사람이니 얽히지 않는 게 좋겠어).
소크라테스	무슨 고민이 있으신 모양인데, 괜찮으시면 저에게 말씀해 보시겠어요?

| 현대인 | 그게 사실 직장에서 작은 실수를 했는데 상사한테 '생각 좀 하고 살아라!'라는 소리를 들었거든요. 그래서 생각하는 것에 무슨 의미가 있나 생각하고 있었어요. |

현대인   그게 사실 직장에서 작은 실수를 했는데 상사한테 '생각 좀 하고 살아라!'라는 소리를 들었거든요. 그래서 생각하는 것에 무슨 의미가 있나 생각하고 있었어요.

소크라테스   '생각하는 것에 무슨 의미가 있는가?'라니. 참으로 흥미로운 얘기군요! 이거야말로 진정으로 '생각할' 가치가 있는 문제로 군요!

현대인   아, 저기…….

소크라테스   으음, 참으로 어려운 문제네요. 누군가와 이 문제에 대해 이야 기를 나눠보고 싶은데. 그래, 내 제자 플라톤이 좋겠군!

플라톤   선생님, 부르셨습니까.

현대인   으악!

소크라테스   이보게, 플라톤! 이분이 고민이 있으시다고 하네! '생각하는 것에 무슨 의미가 있는가?'에 대해 같이 고민해 보는 게 어 떤가?

플라톤	그럼 이럴 게 아니라 다른 철학자들도 불러오는 게 어떨까요?
니체	'생각하는 것에 무슨 의미가 있는가?'라고?
현대인	이럴 수가, 또 다른 사람이 왔어!
칸트	제법 재미있는 주제로군요.
공자	우리 제자백가도 꼭 참여하고 싶구려.
현대인	사람들이 우르르 몰려오잖아?!
소크라테스	허허허! 많이도 왔군! 이거 참으로 재미있어졌어! 이렇게 된 김에 이 광장에서 우리 철학자들이 현대인들의 고민 해결을 위한 토론을 해 보는 건 어떤가? 다 같이 얘기하면 정신없을 테니, 한 고민에 대해 철학자를 두 명씩 뽑아 논쟁하게 하는 건 어떨까?
플라톤	그게 좋겠습니다. 저는 고민이 있는 다른 현대인을 찾아보겠습니다.

소크라테스	부탁하네, 플라톤. 자, 그럼 지금 여기서 시공을 초월한 철학 대결을 시작하겠네! 그럼 첫 대결을 시작할 철학자 두 명과 고민이 있는 현대인 앞으로!
현대인	아, 어쩐지 이상한 일에 휘말린 기분이야…….

3장 ○ 몸과 마음

아아, 뭐가 그리
복잡한지… 중요한 건
동하지 않는 마음이지!

구원의 확신을 위해 인간은 근면히 일해야 합니다! -칼뱅

저는 자연 그대로 살아가는 것이 좋다고 생각합니다만. -노자

좋은 학벌이 요즘 시대에도 의미가 있을까?

고민 내용

상담자

저는 학생인데요. 공부해서 좋은 학벌을 얻는 것, 그러니까 좋은 학교에 가는 것이 의미가 있을까 고민돼요. 요즘에는 좋은 대학에 가고, 원하는 회사에 들어간다고 해서 꼭 행복하거나 성공이 보장되는 건 아니잖아요. 이런 시대에 공부를 열심히 해서 좋은 학교에 들어가는 게 의미가 있을까요?

그럼, 기념할 만한 첫 번째 상담자는 고민거리가 많은 젊은이입니다. 누구나 젊을 때 이런 의문을 갖지요. 지금 하는 일에 의미가 있을까? 학업도 마찬가지입니다. 이 주제에 대해 논쟁을 벌이는 건 저 소크라테스와 일본의 철학자 마루야마 마사오 씨입니다. 자, 시작해 봅시다!

찬반 토론 철학자

네

아니오

VS

마루야마 마사오
丸山眞男 (1914~1996)

일본의 사상가, 정치학자. 제2차 세계대전 후의 민주주의 사상을 주도했다. 주요 저서로는 《일본의 사상》 등이 있다.

소크라테스
Socrates (기원전 470년경~기원전 399년경)

고대 그리스의 철학자. '자신은 아무것도 모른다'를 자각하는 것(무지의 자각)이 중요함을 주장했다.

마루야마 마사오

일본 최고 학부인 도쿄대 교수의 입장에서 말씀드리자면, 지식과 사상이 집적된 대학에서 학문을 갈고닦는 것은 의미가 있다고 할 수 있습니다. 다만 그건 매우 한정된 표현으로, 상담자가 말씀하시는 '좋은 학교' 혹은 '좋은 대학'이 과연 어떤 것인가 하는 점에 대해서는 조금 고민해 볼 필요가 있겠습니다.

소크라테스

제가 살았던 시대에는 현대에서 말하는 학교나 대학이 존재하지 않았습니다. 제 제자인 플라톤이 아카데미아를 설립한 것도 제 사후의 일이었고, 제가 평생 행했던 교육적인 활동은 거의 대화에 의한 것이었지요. 그 점에서 보자면 '좋은 학교'나 '좋은 대학'이 행복과 성공적인 삶과 직결되는지 논하는 데 저는 적합하지 않을지도 모르겠군요.

마루야마 마사오

당신의 저서는 남아 있지 않고, 현재 당신의 사상을 알 길은 제자인 플라톤이나 크세노폰의 저서뿐이라는 사실은 현재를 살아가고 있는 우리에겐 매우 불행한 일이지요. 학문의 중심인 학교나 대학의 존재 의의는 바로 거기에 있지 않을까요? 의미 있는 사색이나 생각이 서적이나 논문 등의 형태로 후세에 제대로 전해져, 전문적인 지식을 가진 사람의 가르침에 의해 전수된다는 것 말이지요. 단, 여기에도 결점이 있다는 것은 부정할 수 없지만요.

소크라테스

제가 저서를 남기지 않았던 건 저 나름의 이유가 있었습니다. 저는 그걸 아쉽다거나 불행하다고 생각하지 않아요.

마루야마 마사오

소크라테스

그 이유는 무엇인지요.

저에게는 이야기하는 말이야말로 '살아 있는 말'이고, 글로 적힌 말은 '죽은 말'이기 때문입니다. 지식은 머릿속에 확실히 담아두어야 합니다. 저는 글로 적힌 지식을 읽고 배우는 게 아니라, 사람과의 대화를 통해서 진정으로 배우고 탐구할 수 있다고 생각합니다. 그런데 대학에서 깊은 연구를 거듭한 당신이 생각하는 학교의 결점은 무엇인지요.

마루야마 마사오

네, 아까 제가 전문적인 지식이라고 말했는데, 현재 대학이 고도로 전문화 된 건 사실이지만 각 전문 분야가 섞이는 일 없이 그저 어수선하게 늘어서 있을 뿐입니다. 종합대학이라는 곳도 있지만, 그저 여러 학부나 학과가 있을 뿐, 그런 지식과 사상이 통합될 기회가 부족하다는 게 문제점이라 볼 수 있겠지요.

그렇군요. 그런 점으로 볼 때 개인이나 소수의 사람들과 나누는 대화에 의한 교육이야말로 더욱 효과적이라고 볼 수 있지 않을까요? 대화에 의한 교육에서는 그저 책만 읽고 지식의 양만 늘리려고 하는 게 아니라, 질문을 던짐으로써 스스로의 생각을 촉진하고 '무지의 자각' 즉, 자기가 아무것도 모른다는 사실을 깨닫고, 상식을 의심하며 지식과 사상을 탐구해갈 수 있습니다. 그뿐만 아니라 형식화, 시스템화된 학교와는 달리 때마다 무엇에 대해 이야기하고 배울지도 자유로이 선택할 수 있어서 광범위한 학문을 유기적으로 연결하여 논하기도 쉽지요.

마루야마 마사오

하지만 그런 방식으로는 아주 소수의 사람에게만 교육이 이루어질 텐데요.

소크라테스

살아 있는 말을 한 번에 많은 이들에게 전하는 건 매우 어려운 일입니다. 재판정에 섰을 때 저는 약 500명의 아테네 시민들 앞에서 스스로를 변명했지만, 그들의 이해를 얻지 못하고 사형을 선고받고 말았지요. 현대에서는 인터넷에 의해 순식간에 많은 사람에게 지식이 확산되기도 하고, 때로 그것이 엄청난 논쟁거리를 만들어내기도 하지만, 한편으로는 일대일 직접 대화의 중요성도 재조명받고 있는 것 같습니다.

소크라테스

자, 문제점을 꼬집으면서도 대학의 의미를 인정하는 마루야마 씨와 집단에의 일방적 지식 전파가 아니라 사람 간의 대화에서 학습의 본질을 찾는 저, 소크라테스. 입장은 다르지만, 둘 다 지식 탐구에 대한 근본은 똑같은 것 같습니다. 다만, '좋은 학교'가 무엇인가 대해서는, 단순히 유명세나 시험 성적에 얽매이기 보다는 여러분 자신의 상식에 의문을 품으면서 생각해 볼 필요가 있겠습니다.

소크라테스의 주장

일방적으로 듣고 읽는 게 아니라, 사람 간의 대화를 통해서만 진정한 의미의 공부가 가능하다.

 ### 마루야마 마사오의 주장

지식과 사상이 집적된 대학에서 공부하는 것은 의미가 있다. 다만, '좋은 학교가 무엇인가'에 대해서는 좀 더 의심해야 한다.

● 면학은 빛이며, 무학은 어둠이다.

소크라테스

● 아무리 많이 알아도 전지전능해질 수는 없지만, 공부하지 않는 사람
과는 천지 차이가 난다.

플라톤

● 좋은 책을 읽는 것은 과거의 위인들과 대화하는 것과 같다.

임마누엘 칸트

무지의 자각

'무지의 자각'이란 '나는 아무것도 모른다'라는 사실을 인지하는 것이다.
소크라테스는 상대의 주장에 질문을 반복하는 '문답법'으로
상대에게 '무지의 자각'을 일깨우려 했다.

세상을 위해 착한 일을
하고 싶어요.

착한 일이라는 게
무엇이지?

나쁜 짓을 하려는 사람을 막거나
주의하는 거요.

'선과 악'을 개인이 정해도
되는 걸까? 지금은
악당처럼 보이는 사람도
100년 후에는
영웅이 될지도 모르는데.

하지만 사회의
질서를 어지럽히는 건
'악'이잖아요.

지금 사회의 질서가 싫은
사람이나 괴로운 사람에게도
이 사회가 지속되는 게
'선한 일'일까?

으음, 그렇게 말하면… 아아, 그렇구나.
내가 당연하게 생각하는 일도 불확실한 것인지도 모르겠군요.

저는 이 문답법으로 '젊은이들을 현혹시킨다'라며 재판에 회부되어 사형을 당하게 됐습니다.
'논파論破'를 잘하는 요즘 사람들은 저와 같은 시대에 태어나지 않아서 참 다행입니다.

일본의 사상

전쟁 중 일본의 '무책임의 체계'를 일본의 사상사를 통해 생각해 보려 했다.

서양의 사상

그리스도교(가톨릭)라는 기준 축이 있고, 이에 대해 어떻게 생각하는가가 사상의 핵심이 됐다.

믿습니다.

찬성

나는 반대야.

반대

일본의 사상

축이 되는 사상이 없고, 그때그때 유행에 따라 주된 사상이 계속 바뀐다. 그래서 다른 문화를 받아들이는 데 저항감이 없다.

남만인南蠻人 ●으로 부터 배운 그리스도 교는 참 좋아~!

그건 또 뭔가? 일본은 원래 불교의 국가다.

무슨 소리를! 원래 팔백만 신이 있는 신도神道 ●●의 국가이거늘!

다른 문화 수용에 관대한 태도는 현대처럼 다문화 사회에서는 좋게 여겨지지만,
눈앞의 유행만 좇다 보면 시간이 지나도 하나의 계통이 있는 독자적 사상을 갖추기 힘들 수 있습니다.

● 에도 시대의 포르투갈 및 스페인 사람을 일컫는 말
●● 일본 고유의 전통 신앙

일하지 않는 것이 그 자체로 잘못일까?

상담자

주변 사람들을 보면 생계를 위해 매일 좋아하지도 않는 일을 해요. 오히려 천직이라면서 즐겁게 일하는 사람은 보기 드물지 않을까요. 저도 솔직히 말하면 일하기 싫어요. 가능하다면 일하지 않고 사는 게 잘못일까요?

만약 일하지 않고도 살 수 있다면, 일하지 않고 사는 게 비난받을 일일까요? 이번 주제에 대해 '잘못이다'라고 주장하는 사람은 종교 개혁을 이룩해 낸 칼뱅 씨, 그리고 '잘못이 아니다'라고 주장하는 사람이 노자 사상으로 유명한 노자 씨입니다.

찬반 토론 철학자

네

아니오

VS

장 칼뱅
Jean Calvin (1509~1564)

프랑스의 사상가. 독일의 루터와 함께 종교 개혁 중심에 있는 인물. 만사는 신에 의해 정해져 있다는 '예정설'을 주장했다.

노자
老子(기원전 571년경~기원전 471년경)

중국 춘추시대의 사상가. 장자와 마찬가지로 사물의 본래 모습, 다시 말해 자연을 따르자는 '무위자연'을 설파했다.

칼뱅

신에 의해 구원을 받거나, 받지 못하는 자는 신의 영원한 의지로 예정되어 있습니다. 저는 이걸 '예정설'이라고 부릅니다. 다만 누가 구원을 받고, 누가 구원받지 못하는지는 알 수 없지요. 구원을 받든, 받지 못하든 우리는 신의 결정에 복종하고, 신의 의지를 실현하기 위해 봉사해야 하는 존재입니다. 따라서 인간의 직업도, 인간이 신의 도구가 되어 신의 영광을 실현하기 위한 것이지요. 인간은 '오직 신의 영광을 위해' 부여받은 직업에 힘써야 합니다.

노자

엄청난 말씀을 하시는군요. 천지만물은 자연에서 태어나 자연으로 돌아갑니다. 인간도 마찬가지로 자연 그대로의 모습에 인간이 살아갈 길이 있는 법입니다. 그걸 두고 신이 구하니 마니, 직업까지도 신에게 부여받은 것이니… 그런 말이 전 이해가 가지 않습니다.

칼뱅

사람들은 자신이 신의 선택을 받았다는 확신을 얻기 위해서 근면히 자기 일에 종사해야 합니다. 아니, 그 전에 모든 직업이 신이 내려주신 사명이라는 것을 이해해 주시겠습니까?

노자

이해할 수 없습니다. 당신이 말씀하시는 그리스도교의 도덕이라는 건 제가 살던 시대의 유교적 도덕과도 상당히 다른 듯한데, 둘 다 도덕이니 근면이니 운운하는 사고방식 자체는 만물이 있는 그대로 존재하는 '진정한 도道'가 무너져서 이를 대신해 생긴 거짓으로 보이는군요.

아니, 그러면 당신은 인간이 어떻게 살아야 한다고 생각합니까? 신의 의지에 따라 노동에 종사하지 않으면 사람들은 일용할 양식을 얻지 못하게 될 텐데요.

물을 예로 들어보겠습니다. 늘 특정한 형태를 갖추지 않고 그릇에 따라 모양을 바꾸는 물은 흐르면 반드시 낮은 곳을 향해 고이게 되지요. 인간에게 필요한 건 바로 물과 같은 유연함과 낮은 곳에 머물려는 겸손함입니다. 대도시에는 여러 직업들이 있지만, 그게 정말 다 필요한 것일까요? 예를 들어, 작은 마을에서 필요한 것을 스스로 조달하며 소박한 삶을 영위하는 것만으로도 충분하지 않을까요? 이런 사회를 저는 '소국과민小國寡民'이라고 합니다. 물처럼 자연에 가까운 삶이라 할 수 있지요.

이거 참, 신앙심이 없는 분과는 얘기하기 힘들군요. 모든 인간은 신에 의해 특유의 사명을 갖고 태어납니다. 모든 직업은 신에 의해 내려진 신성한 것이지요. 그리고 모든 직업은 신의 영광을 실현하기 위한 신의 도구로서, 인간이 봉사하기 위한 자리에 불과합니다. 그러니 신의 의지를 따라 인간은 최선을 다해 일하는 게 옳습니다!

물론 인간에게 어떤 진리가 작용하고 있다는 건 부정할 수 없습니다. 다만 그건 자연 그대로, 있는 그대로, 인간의 작위를 포기하는 것에 있습니다. 이게 '무위자연無爲自然'입니다. 이를 거스르는 것이 바로 이 세상의 일자리지요. 비정규직 고용으로 생활이 불안정한 사람이 있는가 하면, 자본가와 노동자가 구별되고, 부유한 자와 가난한 자가 나뉘는 것 등은 '일'에 의해 발생하는 것입니다. 그러니 지금이야말로 다시 한번 자연으로 돌아가야 할 때입니다.

칼뱅

제가 살던 시대에는 빵집 아들은 제빵사가, 구두가게 아들은 구두장이가 되는 게 당연한 일이었습니다. 그게 적용되지 않는 시대라면 심판의 날이 오는 것도 얼마 남지 않았겠군요…….

소크라테스

현대에는 신앙을 갖지 않은 사람들도 많습니다. 그런 사람들은 칼뱅 씨의 말씀에 위화감을 느낄 겁니다. 특히 요즘처럼 고용이 불안정해진 시기에는 더욱 말입니다. 그러나 노자 씨와 같은 삶의 방식으로 모두가 충분한 삶을 유지할 수 있느냐하면, 그것도 다소 어려울 듯합니다. 일하기 싫은 사람도 있겠지만, 일하고 싶어도 일거리가 없는 사람도 있지요. 현대인은 아주 복잡한 시대를 살아가고 있습니다.

노자의 주장

자급자족의 작은 공동체 속에서 인간의 작위를 버리고 '무위자연'하며 살아야 한다.

칼뱅의 주장

모든 인간은 신이 내려준 천직에 최선을 다해 종사하여, 구원의 확신을 얻어야 한다.

● 일하지 않으면 삶은 부패한다. 그러나 영혼 없는 노동은 삶을 질식시킨다.

알베르 카뮈

● 나는 살면서 하루도 소위 노동이라는 걸 해본 적이 없다. 무엇을 해도 즐거웠기 때문이다.

토머스 에디슨

● 노동이 뒷받침되지 않은 부는 인간을 그르친다.

야마모토 슈고로

무위자연

유교와 같은 형식에 사로잡히지 않고, 인간의 작위가 없는 상태에서
'있는 그대로 살아가는 것'이다.

유교에서 중요한 것은 배려(인仁)와
그것을 드러내는 행동(예禮)! 그 두 가지를
소중히 하면 인간관계와 국가는 안정된다.

공자
[유교의 시조]

대립

그런 것을 생각하는 것보다
자연 그대로 살아가는 게
더 좋다.

작은 농촌에서 자연과
함께 조용히 살아가는
것이 최고다.

노자

그렇지만 현대인은 지금 어떤 산간벽지에 살아도 인터넷으로 세계 곳곳과 이어져 있더군요.
이런 시대에는 인터넷을 어떻게 대해야 하는지도 함께 고민해 보는 게 좋겠습니다.

칼뱅의 생각

예정설

구원받는 사람은 이미 정해져 있지만,
인간은 이를 알지 못한다.

신

구원받을 자는 이미 정해져 있느니라.
그건 자신의 천직에 최선을 다하는 사람이지.

아니! 신이 내려주신 운명에 따라 노력하는 사람을 구해주지 않을 리가 없어! 다들 천직에 따라 살아가도록 해라!

신이 이미 구원받을 사람을 정했다면 무슨 짓을 해도 이제 의미가 없는 게 아닐까?

칼뱅

저는 그리스도교에서 처음으로 재산을 모을 것을 권했습니다.
천직에 따라 최선을 다해 노동하여 얻은 돈은 신이 내려주신 은혜로서 간직해야 한다는 것이었지요.
지금은 그런 생각이 너무 당연해졌지만 말이지요.

지금 회사에서 받는 스트레스가 너무 크다면 이직해도 될까?

상담자

요즘에는 직장을 옮기는 경우가 많은 것 같아요. 일이 잘 안 풀리면 환경을 바꿔보라는 말도 있잖아요. 사실 지금 회사에선 일이 잘 안 풀려서 스트레스가 너무 커요. 좀 더 노력해 보는 게 좋을지, 아니면 환경을 바꾸는 편이 나을지 고민돼요.

일이 잘 안 풀릴 때는 이런저런 생각이 들지요. 환경을 바꿔야 하는가, 아니면 지금 상황에 머무르면서 좀 더 노력해 볼 것인가… 이 고민에 대해선 고대 그리스의 사상가인 아리스토텔레스 씨와 실존주의의 선구자인 키르케고르 씨에게 의견을 들어보도록 합시다.

찬반 토론 철학자

네

VS

아니오

아리스토텔레스
Aristoteles (기원전 384년경~기원전 322년경)

고대 그리스의 철학자이자 플라톤의 제자. 알렉산드로스 대왕의 가정 교사를 맡았고, 리케이온이라는 학원을 창설했다.

쇠렌 오뷔에 키르케고르
Søren Aabye Kierkegaard (1813~1855)

덴마크의 철학자. 저서 《이것이냐 저것이냐》에서 대립하는 것 중 한쪽을 선택하는 행위 속에 진리가 있다고 주장했다.

아리스토텔레스

저는 제 스승 플라톤의 학원인 아카데미아에서 20년간 연구한 후, 각지를 떠돌면서 살았습니다. 알렉산드로스 대왕이 아직 왕자였을 때는 그의 가정 교사를 맡기도 했지요. 아테네로 돌아온 뒤 제 학원인 리케이온을 열었지만, 알렉산드로스 대왕이 사망하고 반마케도니아 정서가 강해지면서 마케도니아 출신인 저는 아테네를 떠나게 됐습니다.

키르케고르

'만학萬學의 아버지'도 많은 고생을 하셨군요.

아리스토텔레스

네, 그래서 이번 주제 말인데……. 인간은 항상 좋은 것을 갈구하며 행동하는 존재입니다. 직업은 최고선으로서 인간을 행복에 이르게 하는 수단이니, 만약 더 좋은 일자리가 있다면 회사를 옮기는 것도 괜찮지 않을까요.

키르케고르

과연 그럴까요? '이것이냐, 저것이냐'라는 인생의 선택은 자신의 모든 인격과 존재를 건 중대한 결단이어야 합니다. 선택한 일은 자주적인 결단의 결과물로서, 우리는 실존하는 주체로서 그 결단에 합리적인 책임을 질 필요가 있어요. 만약 회사에서 일이 잘 안 풀리는 상황에 절망하더라도, 그건 진짜 절망에 해당하지 않습니다. 자신에게 완전히 절망하는 것이야말로 진정한 절망이기에, 아직 더 나아갈 여지는 남아 있을지도 모릅니다. 따라서 지금 상황에서 이직을 결정하는 건, 섣부른 일일 수도 있습니다.

아리스토텔레스

모든 인간은 지식을 추구하는 성질을 갖고 태어납니다. 저는 '만학의 아버지'라고 불리는데, 제가 천문학, 생물학, 논리학,

정치학, 철학 등 온갖 학문을 추구한 건 인간이 본래 가진 지식을 사랑하는 마음을 원하는 대로 실천한 결과에 불과하지요. 궁극적인 최고선인 행복에 이르는 수단은 얼마든지 다양해도 좋지 않겠습니까.

키르케고르

당신의 광범위한 지식 추구는 존경할 만합니다. 그러나 한편으로 제가 보기에 당신의 생각은 '이것이냐, 저것이냐'가 아니라 '이것도, 저것도'의 상태에 빠질 위험이 다분한 것 같습니다만…….

아리스토텔레스

'이것도, 저것도'란 말입니까? 잠시 생각해 봅시다. 인간의 정의에는 모든 사람이 따라야 하는 정의와 개인이 놓인 상황에 맞는 정의가 있습니다. 후자의 대표적인 예로는 능력에 따른 부의 배분이 올바르다는 생각, 즉 '배분적 정의'가 있지요. 현대적으로 해석하자면, 그 사람이 가장 능력을 잘 발휘할 수 있는 직업에 종사하여, 그에 맞는 보수를 얻는 것이 정의라는 겁니다. 그걸 지금의 직업이나 직장에서 드러낼 수 없다면 이직해서 자신의 재능을 발휘하는 것이 맞지 않을까요? 이렇게 더 좋은 세상을 목표로 운동하도록 인간을 비롯하여 모든 것들이 이루어져 있지요.

키르케고르

운동이라…….

아리스토텔레스

그렇습니다. 이번 상담 주제에 맞춰 답해 보자면, 지금 회사에 있는 나는 취직하기 전의 내가 되려던 '현실태'이고, 취직하기 전의 나는 취직을 목표로 하는 '가능태'였다는 뜻입니다. 그러나 이직해서 더욱 좋은 직업을 손에 넣을 수 있다면 그때의 나 자신이 새로운 현실태이고, 이직하기 전의 나는 이직의 가능성을 품은 가능태가 됩니다. 이렇듯 인간이나 세계는 항상 어떤 가능성을 품고 있으면서, 동시에 더욱 좋은 세상을 목표로 운동하고 있다고 할 수 있습니다.

키르케고르

저는 젊은 시절 향락적인 생활에 허무감을 느끼고 깊이 절망한 적이 있습니다. 그때 학문의 길에 들어서면서 논리적인 생활 방식을 추구했지요. 그러나 제가 지은 죄를 깨달으면서 다시 무력감에 빠져들었습니다. 그 후, 종교적 실존으로서의 자기를 찾고자 했는데…….

아리스토텔레스

이전의 당신은 가능태, 종교적 실존에 눈을 뜬 당신은 현실태라는 거군요. 따지고 보면 그것도 이직을 통해 더욱 좋은 회사에 들어간 것과 마찬가지 아닐까요?

키르케고르

으으음, 신 앞에 선 '단독자'로서의 저 자신을 생각해 보면 도무지 납득이 가지 않는 얘기입니다만…….

소크라테스

거기까지 하지요. 듣다 보니 두 분 모두 이직 자체는 부정하지 않는 것 같습니다만……. 스스로 선택한 길을 중시하여 지금 일하고 있는 곳에서 좀 더 노력해 볼 것인지, 아니면 행복을 실현하기 위한 운동으로서 새로운 길을 모색할 것인지, 그러나 결국은 스스로가 무엇이 최선인지 생각해 봐야 할 것입니다.

키르케고르의 주장

인간의 선택은 자신의 존재를 모두 건 크나큰 것이므로, 일이 잘 안 풀린다고 해서 쉽게 절망해서는 안 된다.

 ### 아리스토텔레스의 주장

'직업'은 행복에 도달하기 위한 운동에 속하므로, 더 좋은 것이 있다면 바꿔도 좋다.

● 무엇인가를 할 수 있는 환경에 있는 사람보다, 의욕이 있는 사람이 일에서 더 많은 성취를 얻을 수 있다.

아르키메데스

● 지금 하는 일에 전념하라. 태양광선도 한 점에 모이지 않으면 발화하지 못한다.

알렉산더 그레이엄 벨

● 우유부단만큼 피곤한 것도 없다. 그리고 그만큼 큰 에너지 낭비도 없다.

버트런드 러셀

실존의 3단계

실존, 즉 자기 자신이 여기 있는 것은 미적, 논리적, 종교적이라는
3단계에서 시작된다는 생각이다.

제1단계 미적 실존

파일럿도, F1 레이서도,
다 될 수 있을 것 같아.

그럴 리가 있겠어!
공상 속에서 미와
쾌락에 빠져 있을
때가 아니야!
절망적이군!

제2단계 논리적 실존

친구와의 약속을
지키려 했는데
나도 모르게 어겼어!

논리적인 삶을
살고 싶은데
나는 그러지 못했어!
절망적이군!

제3단계 종교적 실존

각자가 일대일로
신을 마주하며,
자기 안의 진리를
찾아야 해.

현대는 신앙이라는 열정을 잃은 시대입니다.
누구도 가야 할 길을 모르니 그 길을 가려 하지 않지요.
절망을 반복하면서도 두 가지 단계를 거쳐 신앙과 함께 살아갈 수밖에 없습니다.

아리스토텔레스의 생각

가능태·현실태

사물이 태어나는 건, 그 사물이 될 가능성을 품은 것이
현실화하기 때문이라는 생각이다.

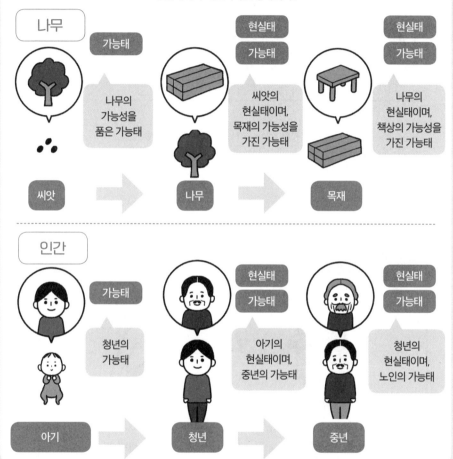

논쟁 중에도 말했지만, 제 생각은 현대인에게도 통용되지 않을까요?
자신이 선을 향해 운동하고 있는 가능태라고 생각하는 삶이 좀 더 희망적이겠지요.

하고 싶은 일이 꼭 있어야 하는 걸까?

상담자

일이든 취미든 하고 싶은 게 없어서 '히키코모리' 같은 생활을 이어가고 있어요. 주변에서는 뭐라도 하라고 난리지만, 하고 싶은 일을 아직 찾지 못했어요. 근데 그게 그렇게 잘못인가요? 그런 걸 꼭 찾아야 하나요?

상담자는 주변에서 하고 싶은 일을 찾으라는 책망을 계속 들어왔군요. 그럼 이 주제에 대해 실존주의자인 사르트르 씨와 고대 그리스의 철학자 디오게네스 씨가 불꽃 튀는 논쟁을 벌이겠습니다.

찬반 토론 철학자

네

VS

아니오

장 폴 사르트르
Jean Paul Sartre (1905~1980)

프랑스의 철학자. 인간은 본질에 앞서 현실에 존재한다. 다시 말해 "실존은 본질에 앞선다"라며 실존주의를 주장했다.

디오게네스
Diogenes (기원전 404년경~기원전 323년경)

고대 그리스의 철학자이자 소크라테스의 손제자孫弟子. 욕망에서 벗어나 동하지 않는 마음을 가지는 것이 중요하다고 주장했다.

사르트르

인간을 미리 정의하는 것이 가능할까요? 인간은 막 태어났을 때는 그 무엇도 아니고, 태어난 후 자신의 선택에 따라 의미가 창출됩니다. 무엇을 행할지, 어떤 걸 선택할지는 완전히 자유지만, 거기에는 책임이 뒤따릅니다. 그리고 그 책임은 자신만이 아니라 인류 전체에 대한 책임이기도 하지요.

디오게네스

잠시만요. 인류 전체라니요? 저는 세계 시민을 자처하고 있지만, 당신의 말이 이해되지 않는군요. 왜 개인의 선택이 인류 전체에 대한 책임까지 연결되는 걸까요?

사르트르

개인이 자기 삶의 방식을 선택한다는 건, 다시 말해 인간 그 자체의 삶의 방식을 선택한다는 것이며, 그건 인류 전체에 방향을 제시하는 것으로 연결되기 때문입니다. 예를 들어, 제가 한때의 감정으로 결혼하기로 했다고 칩시다. 저는 그 선택으로 저의 인생만이 아니라 인류 전체를 현행 결혼 제도인 일부일처제로 이끄는 데 일조한 셈이지요. 그리하여 저는 저 자신에게도, 인류 전체에게도 책임을 지면서 제가 선택한 인간상을 만들어 나가게 됩니다. 참고로 저는 현행 결혼제도에 가담하고 싶지 않아서 보부아르와 계약 결혼을 했지만요.

디오게네스

그렇게 모두를 위해서, 전 인류를 위해서와 같은 거창한 것에 빗대어 인생을 살다니 제가 보기에는 바보 같아 보이는군요. 바꿔 말하면, 사회에 붙들린 노예 같은 게 아닙니까.

사르트르

실례지만 당신의 사고방식은 정말 꽉 막혔군요. 인간의 선택은 결코 한 개인의 선택에 그치지 않습니다. 결국, 그 선택이 세상 전체에 울려 퍼지게 된다는 것이지요.

디오게네스

아아, 뭐가 그리 복잡한지. 그래서 당신의 이야기가 '하고 싶은 일이 꼭 있어야 하는가?'라는 주제와 어떻게 연결된다는 것입니까?

사르트르

아, 그렇지요. 본론으로 돌아가자면… 인간이 자기 삶의 방식을 선택하는 것이 인류 전체의 삶의 방식을 결정하는 것으로 이어진다면, 우리는 인류 전체의 운명에 참여하는 존재라는 뜻이 됩니다. 사회는 개개인이 자유롭게 선택하는 행위에 따라 항상 새롭게 만들어지고 변화하고 있지요. 따라서 모든 인간은 앙가주망engagement, 즉 '사회 참여'의 의무를 지고 있다고 할 수 있습니다. 그러니 '하고 싶은 일이 꼭 있어야 하는 것인가?'라는 물음에 단적으로 대답하자면 '있어야 한다'라고 해야겠지요.

디오게네스

왜 그렇습니까?

사르트르

전 인류의 운명에 참여하는 존재 중 하나로서 상담자도 어떤 것을 선택하고 뭔가를 행해야 하는 의무와 책임을 갖고 있기 때문입니다. 일단 무엇을 하든 그건 상관없습니다. 어쨌든 행동하는 것이 중요하지 않을까요?

디오게네스

참으로 답답하오! 전 인류에 대한 책임이라니 그런 걸 개인이 짊어져야 한다는 게 말이 됩니까! 저는 사회와 상관없이 개인은 자족해서 어떤 일에도 동하지 않는 마음을 갖는 것이 가장 중요하다고 봅니다. 현대에는 제 삶의 자세를 통해 상담자와 같은 히키코모리에 대해 고찰하려는 움직임도 엿보이고 있어요. 설사 히키코모리가 되면 어떻습니까.

사르트르

이거 참, 그 플라톤이 당신을 두고 '미친 소크라테스'라고 평한 것도 이해가 가는군요…….

소크라테스

거기까지! 지금까지 근현대 실존주의의 대표 격인 사르트르 씨와 고대 그리스의 견유학파 중에서도 가장 돌출된 존재라 할 수 있는 디오게네스 씨였습니다. 양극단으로 보이는 주장이었는데, '하고 싶은 일을 꼭 찾아야 하나'에 대한 부담감 혹은 허무함에 대해 고민하는 현대인 여러분께 조금이라도 힌트가 되는 부분이 있지 않았을까 합니다.

디오게네스의 주장

스스로 자족해서 동하지 않는 마음을 가지는 게 가장 중요하다. 하고 싶은 일을 굳이 찾으려 하지 않아도 된다.

사르트르의 주장

인간은 자신의 자유로운 선택에 따라 자기만이 아니라 전 인류에 대해서도 책임을 지게 된다. 어떤 행위로든 사회에 참여해야 한다.

● 생명이 있는 한 희망은 존재한다.

미겔 데 세르반테스

● 인생이란 자신을 찾는 것이 아니다. 인생이란 자신을 창조하는 것이다.

조지 버나드 쇼

● 우리는 얻은 것에 따라 생활하고, 주는 것에 따라 인생을 산다.

윈스턴 처칠

견유학파

세상의 관습이나 물질적인 욕망에 사로잡히지 않고, 자연에 따라 살아가자는 생각이다.
그러다 보면 개와 같은 생활을 하게 되기에 '견유학파'라는 이름이 붙게 됐다.

여성이나 아이의 공유

지위나 명예 같은
것은 다 필요 없다!
자연 속에서 살아야 한다!

뭐야, 저 사람.

누구의 아내 자리는
그만두고 아이는
다 함께 키우자.

옷도 최소한의
누더기 천뿐으로,
물건도 거의
갖지 않았다.

걸식 생활

나무통 속 생활

집을 버리고
나무통 속에서 산 적도
있어서 '나무통의
디오게네스'라고
불리기도 했지.
난 별로 신경 안 썼지만.

자유와 자족이 제일인 법! 현대에서도 '미니멀리스트'라는 생활 방식이 유행한다고 들었는데,
이제야 시대가 저를 따르는 모양이군요, 하하하!

사르트르의 생각

실존주의

인간의 본질은 신에 의해 정해진 것이 아니라 우선 존재가 있고,
거기서 자신의 본질을 결정하는 존재가 바로 인간이라는 생각이다.

실존주의 이전

당신은 남을 위해 살아야
하는 사람입니다.

인간

신이 정해주신
사명에 따라 살자.

실존주의

아기

인간은 우선 본질이 없는
상태로 존재한다.

청년

나는 전 인류를 위해
살아갈 거야.

그 후에 성장하여, 사회에 참여하며
본질을 만들어 간다.

'실존은 본질에 앞선다'라는 것이 제 생각입니다.
현대인이 보기에 자신의 본질을 주체적으로 결정해 나간다는 것은
너무 당연한 얘기일지도 모르겠군요.

승진하는 것이 누구에게나 좋은 일일까?

상담자

승진하는 게 꼭 좋은 일일까요? 직급이 높아지는 만큼 책임도 늘어나서 힘들어질 거 같은데, 전 평직원으로 느긋하게 사는 것도 나쁘지 않다고 생각해요.

흐음… 물론 출세할수록 고생은 하겠지요. 이것도 현대의 젊은이들이 흔히 가질 만한 고민이지요. 자, 그럼 이 주제로 대화를 이어갈 사람은 일본의 주자학자 하야시 라잔 씨와 중국의 도가道家 장자 씨입니다.

찬반 토론 철학자

네

VS

아니오

하야시 라잔
林羅山 (1583~1657)

에도 시대의 유학자. 태어나면서 사람마다 타고난 것이 있고, 그렇기에 자신의 분수를 알고 살아가야 한다고 주장했다.

장자
莊子 (기원전 369년경~기원전 289년경)

중국의 도가 사상가. 주변의 영향을 받지 않고 차별과 대립도 없는 '만물제동' 사상으로 유명하다.

하야시 라잔

인간의 최종적 목표는 '천인합일天人合一' 즉, 인간 본래의 마음이 갖춰야 할 모습을 알고, 천지 만물의 도리인 천리天理를 따르는 데 있습니다. 출세한다고 다 좋다는 건 아니지만, 어디까지나 질서를 흐트러트리지 않는 선에서 천인합일을 목표로하는 것이 올바른 길이지 않을까요? 분수를 알고 정갈한 마음을 유지하며 꾸준히 노력하면, 그 사람의 분수를 넘지 않는 한도에서 출세를 이룰 수 있을 것입니다.

장자

질서니, 분수니 참으로 따분한 소리를 하십니다. 선악이니 신분의 위아래니, 그러한 사람이 말로 만들어낸 가치는 인간 세계에만 존재하는 상대적인 것입니다. 하물며 출세에 무슨 가치가 있겠습니까? 애당초 자연계에 시비是非라는 게 존재하긴 합니까?

하야시 라잔

에도 막부가 통치하던 시대에는 우리 주자학이야말로 정통한 것이었지요. 솔직히 도가와 논의를 벌일 여지도 없지만……. 그래도 장자 씨는 도가의 대가이시니 삼가 답을 올리겠습니다. 자연계에도 천지가 있지 않습니까. 하늘은 높고, 땅은 낮습니다. 즉, 자연계도 하늘과 땅의 구분이 있고, 맺고 끊음을 확실히 하는 원리와 법칙이라는 게 있다는 것이지요.

장자

하하하, 하늘은 높고 땅은 낮다는 것은 당연한 소리입니다. 그런데 맺고 끊음이라니. 하늘은 높고 땅이 낮다, 오직 그뿐이지요. 자연이 그저 자연 그대로 있는 것을 천자와 백성의 관계에 빗대는… 그런 표현은 엄청난 궤변이자 일종의 계략

이 아닐까요.

하야시 라잔

하늘이 위고, 땅이 아래인 것은 천지의 예禮, 다시 말해 질서 그 자체입니다. 이 천지의 예는 태어날 때부터 인간의 마음속에 이미 갖춰진 것입니다. 만사에 있어 상하전후의 질서가 당연히 존재하지요. 당신과 같은 생각으로는 인간 사회의 질서가 유지되기 어렵지 않을까요?

장자

우리가 사는 세상은 애당초 차별과 대립 없이 모두 평등했습니다. 그러나 키나 몸무게처럼 누군가와 비교함으로써 차이가 생겨나지요. 출세도 마찬가지입니다. 신분 등으로 남들과 구분 짓고 비교하니까 결과적으로 차이가 발생합니다. 모두 인간이 만든 거대한 거짓말이지요. 이런 세상을, 저는 본래 있어야 할 모습으로 되돌려놓아야 한다고 생각합니다. 구별과 차별이 없는 원래의 세계, '만물제동萬物齊同' 말입니다. 주자학처럼 질서와 상하관계 같은 인간에 의한 작위를 사람들에게 강요하는 것은 큰 문제입니다.

하야시 라잔

인간의 작위를 사회 속에 들이지 말라는 건 아무것도 하지 말라는 것 아닙니까? 저는 어린 시절부터 불교와 유학 서적을 읽고, 오랫동안 주자학을 공부함으로써 막부가 인정하는 '쇼헤이자카학문소昌平坂學問所'를 맡게 됐습니다. 사리사욕에 의해 입신출세를 꾀했던 게 아니라 그저 인격의 고결함, 고고함을 좇다 보니 생긴 결과여서 이 지위를 얻게 된 것이지요.

장자

아아, 출세가 좋은 일인가가 주제였지요? 저는 상담자에게 '무용지물'이라는 말을 해주고 싶습니다. 세간의 척도로 쓸모 없다고 치부되는 것에서야말로 자연 본래의 진정한 가치를 찾아낼 수 있습니다. 요즘 말로 하자면 '살아 있는 것만으로도 큰 선물이다'라고 표현할 수 있겠지요. 출세는 아무 의미도 없습니다.

하야시 라잔

이거 참, 말이 안 통하는 사람이로군. 그렇게 막무가내 식의 주장은 도저히 받아들일 수가 없군요.

소크라테스

거기까지! 비정규직 고용이 당연해지고, 평생 직장의 개념이 사라진 것이 현대입니다. 누구나 성공을 목표로 삼을 수 있었던 고도성장 시대나 버블경제는 이미 옛날 일이 됐지요. 많은 사람이 하루하루를 살아가기 위해 애쓰는 오늘날, 장자 씨처럼 초연한 마음을 갖기도 쉽지 않고, 한편으로 하야시 씨처럼 자연의 법칙을 인간 사회에 대입해 바라보는 것도 현실적이지는 않습니다. 하지만 현대를 살아가는 여러분이 자연의 원리나 법칙, 선현들의 철학 사상을 통해 노동과 삶의 방식을 다시 한번 되돌아보는 것 자체는 의미가 있지 않을까요?

장자의 주장

노자가 말한 '만물제동'이야말로 세상이 본래 존재해야 할 모습이며, 출세 같은 건 아무런 의미도 없다.

하야시 라잔의 주장

인간의 최종적인 목표는 '천인합일'에 있으며, 따라서 인간이 노력을 통해 출세하는 건 도리에 맞는 것이다.

● 성공한 사람은 모두 크든 작든 간에 이기적이다.

토마스 하디

● 절대로 출세하지 못하는 사람에는 두 종류가 있다. 하나는 시키는 일을 못하는 사람, 또 하나는 시키는 일밖에 못하는 사람이다.

앤드루 카네기

● 진심으로 출세 같은 건 하지 않아도 된다고 생각한다면, 저 멀리서 웅크리고 있는 개처럼은 보이지 않을 것이다.

오카모토 다로

만물제동

세상에는 다양한 것들과 기준이 있지만,
모든 것의 근본은 같으며 그 차이는 없다는 생각이다.

세상에는 여러 가지 차이가 있다.

근본은 모두 동일
하다. 하늘에서
보면 다 똑같다.

미추

인종

선악

빈부

자연물

차별 철폐나 성적 소수자에 대한 존중 등 현대에는 차이를 인정하는 생각이 중시되고 있습니다.
주변 사람을 비롯하여 이 세상에 있는 모든 것에는 차이가 없으므로 자연에 맡기고 사는 것이 중요합니다.

상하정분上下定分의 이理

하늘이 위, 땅이 아래에 있는 것처럼 자연의 원리를 따라서
인간관계에도 상하가 있는 것이 자연스럽다는 생각이다.

자연

우주의 원리로서 위에는 하늘이 있고,
아래에는 땅이 있다.

인간 사회

마찬가지로 인간관계에도 신분이나 직책, 부모와 자식 간의
위아래, 남녀 간의 차이가 있는 것이 자연스럽다.

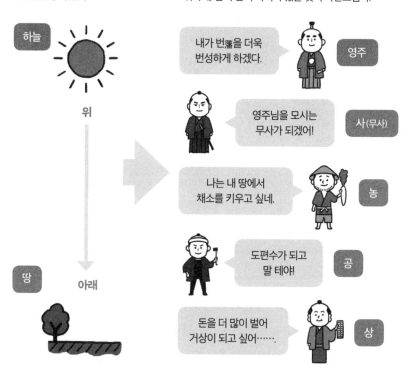

하늘

위

땅

아래

내가 번藩을 더욱
번성하게 하겠다.

영주

영주님을 모시는
무사가 되겠어!

사(무사)

나는 내 땅에서
채소를 키우고 싶네.

농

도편수가 되고
말 테야!

공

돈을 더 많이 벌어
거상이 되고 싶어…….

상

직업적 신분에 의한 상하관계뿐 아니라 나이나 성별로 인한 차이도 존재합니다.
그 질서 속에서 개개인은 하늘과 하나가 되는 목표(천인합일)를 향해 나아가야 합니다.

더 알고 싶은
철학자 도감 01

마이클 샌델

Michael Sandel
(1953~)

미국의 정치철학자이자 하버드대학교 교수. 주된 저서로는 《정의의 한계》, 《정의란 무엇인가》 등이 있다.

샌델의 사상은 '공동체주의communitarianism'의 입장에 있다. 그는 《정의의 한계》에서 롤스의 《정의론》을 비판했다. 개인은 사회에서 분리되어 독립된 존재이며, 각각의 행복 추구를 위한 자유 및 권리는 보장되어야 한다는 자유주의적 사고방식을 부정했다. 개인은 공동체에 규정되어 살아가는 존재이므로 자신의 행복 추구와 함께 공동체 구성원이 공통적으로 가지는 '공통선共通善'을 중시해야 한다고 주장했다.

더 알고 싶은
철학자 도감 02

쿵탱 메이야수

Quentin Meillassoux
(1967~)

프랑스의 철학자. 파리 제1대학교인 팡테옹소르본의
준교수, 인류학자 클로드 메이야수의 아들이다. 주된
저서로는 《유한성 이후》가 있다. 논문으로는 《형이상
학과 과학 밖 소설》 등이 번역되어 있다.

현대 프랑스 사상계의 젊은 스타인 메이야수의 사상은 '사변적 실존론'이라
고 불린다. 그는 칸트 이후의 근대 철학의 개념이 '사고'와 '존재'의 '상관'에
만 국한하는 '상관주의'라고 보았다. 메이야수는 칸트의 '코페르니쿠스적 전
환'도, 포스트모던 사상도 모두 상관주의라고 비판하며, 상관주의를 뛰어넘
어 사고에서 독립한 존재 그 자체로 향하는 새로운 실존주의를 제시했다.

더 알고 싶은
철학자 도감 03

알래스데어 매킨타이어

Alasdair Macintyre
(1929~)

스코틀랜드에서 태어나 미국으로 이주한 정치학자. 노트르담대학교 교수. '공동체주의'의 선구적인 존재 중한 명으로 잘 알려져 있다. 주된 저서로는 《윤리의 역사, 도덕의 이론》, 《덕의 상실》 등이 있다.

매킨타이어는 자유주의가 도덕이나 법, 정의를 논하는 한편으로 그 근거에 선을 추구하는 태도가 보이지 않는다고 비판했다. 그리고 공동체의 행복을 구하는 것에서 선을 추구하는 아리스토텔레스적 목적론에 가까운 입장을 취한다. 그는 그런 점에서 샌델을 비롯한 최근 공동체주의의 선구적 존재다. 매킨타이어는 인간이 생존하기 위한 '상호의존' 속에서 공동체의 논리적 공통선이 태어난다고 보았다.

능력에 따른
부의 배분이
이뤄져야 합니다!
-아리스토텔레스

VS

그 결과물이 순순하게
개인의 노력으로
얻은 것들일까요?
-롤스

일을 돈을 버는 수단으로 여기면 안 될까?

고민 내용

상담자

저는 일을 돈 벌기 위한 수단으로 생각해요. 일하는 것에 그 이상의 의미도 두지 않고, 그래서인지 불만도 딱히 없어요. 솔직히 일로 자기실현을 한다는 말을 들으면 공감이 되지 않아요. 그런데 그런 태도가 잘못된 걸까요?

모든 사람이 자신이 좋아하는 분야에서 일자리를 얻을 수는 없습니다. 아마, 상담자처럼 일을 돈을 위한 수단으로 생각하는 사람이 많을 듯한데……. 그럼, 이번에는 거의 비슷한 시대 유럽에서 살았던 벤담 씨와 마르크스 씨의 대화를 들어보겠습니다.

찬반 토론 철학자

네

VS

아니오

카를 마르크스
Karl Marx (1818~1883)

독일의 경제학자. 물질적인 것이 역사를 움직인다는 '유물사관'을 주장했다. 저서로는 《자본론》, 《공산당 선언》 등이 있다.

제러미 벤담
Jeremy Bentham (1748~1832)

영국의 철학자. 일부 사람들의 행복을 없애서라도 사회 전체의 행복을 추구해야 한다는 '공리주의'를 주장했다.

벤담

우선 단순하게 생각해 봅시다. 인간은 쾌락과 고통에 지배당하는 생물입니다. 당연하지만 쾌락은 최대로, 고통은 최소로 하지 않는다면 인간은 행복을 얻을 수 없지요. 상담자는 일을 돈을 벌기 위한 수단으로만 보고 있는데, 그건 그것대로 괜찮다 봅니다. 돈을 벌어서 쾌락을 최대한으로 추구하며 생활하면 될 테니까요.

마르크스

상담자도, 벤담 씨도 아무것도 모르고 있군요. 노동은 인간에게 있어 본질적인 활동입니다. 단순히 돈을 벌기 위한 수단이 아니란 말입니다. 예를 들어, 인간이 노동함으로 뭔가를 생산한다고 할 때, 여기서 생산된 물건은 자연의 재료가 가공된 것이지요. 즉, 원래 소재에 인간적인 의미를 부여한다는 뜻입니다. 생산된 것은 인간의 귀중한 기술과 노력에 의한 것이며, 노동자는 자신이 생산한 것을 통해 자기 자신에 대해 의식하게 됩니다.

벤담

이해가 안 가는군요.

마르크스

다시 말해, 인간은 노동에 의해 자연을 인간화하는 존재라는 뜻입니다. 인간이 스스로 생산한 것에서 자신을 객체화하는 것이지요. 그렇게 함으로써 노동으로 자신을 직시하고, 생산한 물건을 통해 자신을 의식하게 됩니다. 인간은 노동을 통해 타인과 연결되고 그 사회적 관계 속에서 살아가는 '유적 존재 類的存在'가 아닙니까? 즉, 노동이야말로 인간의 본질적인 행동이라 할 수 있습니다.

벤담

그렇다면 더더욱 이해가 안 가는군요. 처음에도 말했지만 세상은 아주 단순합니다. 쾌락을 최대화하고, 고통을 최소화하는 건 어떤 의미에서 보자면 사회의 정의正義라고 할 수 있지요. 마르크스 씨처럼 자기 현실이나 자연의 인간화 같은 부분에서 행복을 추구해도 좋습니다만… 그런 것이 반드시 사회 전체의 행복이라고 연결 지을 수는 없습니다. 또한, 저는 그런 행복을 수치화할 수 있습니다. 다시 말해 저는 '쾌락 계산'이 가능하다고 보는 입장인데, 부는 이 쾌락의 바로미터라고도 할 수 있지요. 상담자는 좀 더 자기 자신에게 자신감을 가져도 좋겠습니다.

마르크스

그저 돈을 버는 게 인생이란 말입니까? 당신은 여전히 본질을 전혀 이해하지 못하고 있군요. 노동은 본래 인간이 자기 능력을 발휘하여 자신이 생산한 것에 의해 스스로를 의식하여 확인하는, 매우 고유한 인간의 활동입니다. 자본주의사회 속에서 노동이 단순히 돈을 벌기 위한 수단으로 전락하고, 고통처럼 느껴지는 이러한 상황은 본래 노동의 의미에서 크게 벗어난 '소외된 노동'으로 보입니다.

벤담

물론 말씀하신 대로 상담자는 노동 자체에서는 가치를 찾아내지 못했습니다. 그러나 노동을 돈을 벌기 위한 수단이라고 결론 내리고, 그 대가로 얻은 돈으로 자립했으니 그건 그것대로 괜찮은 게 아닐까요?

마르크스

그래요, 소외된 노동의 유형 중 노동이 자기 자신을 위한 것이 아니게 되는 '노동 그 자체로부터의 소외'는 면한 것 같군요. 하지만 노동을 인간의 본질적인 활동으로 삼는, 인간 본연의 자세에서는 멀어졌으니 그건 '인간의 인간으로부터의 소외'에 해당하겠지요. 역시 사회주의 혁명이 필요합니다! 그것밖에 없다고요.

벤담

이분도 참… 누구나 노동에서 인간의 본질을 보는 것은 아니지 않습니까? 노동 자체에 너무 큰 의의를 부여하는 건 아닌지요. 만약 일하지 않고도 돈을 벌 수 있다면 시간을 모두 좋아하는 일에 쓸 수 있어서 행복할 텐데요.

소크라테스

네, 공리주의자인 벤담 씨와 과학적 사회주의자의 아버지인 마르크스 씨. 돈 버는 수단으로써의 노동도 문제없다고 여기는 벤담 씨에 대해 마르크스 씨는 노동에는 그 이상의 가치가 있다고 주장했습니다. 하지만 상담자의 등을 떠밀어주는 벤담 씨의 말이 상담자에게는 더 든든하게 느껴지는 한편, 상담자가 말씀하셨던 '노동을 통한 자기실현'이 어떤 것인지는 마르크스 씨의 이야기를 듣고 있으면 이해가 가지 않을까요?

벤담의 주장

쾌락은 최대로, 고통은 최소로 삼는 것이 행복. 그러니 일에 너무 큰 무게를 둘 필요는 없다.

마르크스의 주장

노동의 본질은 '자기실현'에 있으며 그 자체만으로도 의의가 있다.

● 아직 날이 저물지 않았다. 일해라, 지칠 줄 모르게. 곧 아무도 일할 수 없게 되는 죽음이 찾아온다.

요한 볼프강 폰 괴테

● 1분이라도 쉴 틈이 없는 것만큼 행복한 일이 없다. 노동만이 삶의 보람이다.

장 앙리 파브르

● 노동은 가장 좋은 것이기도 하고, 가장 나쁜 것이기도 하다. 자유로운 노동이라면 최선의 것이고, 노예와 같은 노동이라면 최악의 것이다.

알랭

공리주의

사회를 구성하는 개인의 쾌락이 많은 사회가 바람직하다는 생각이다.

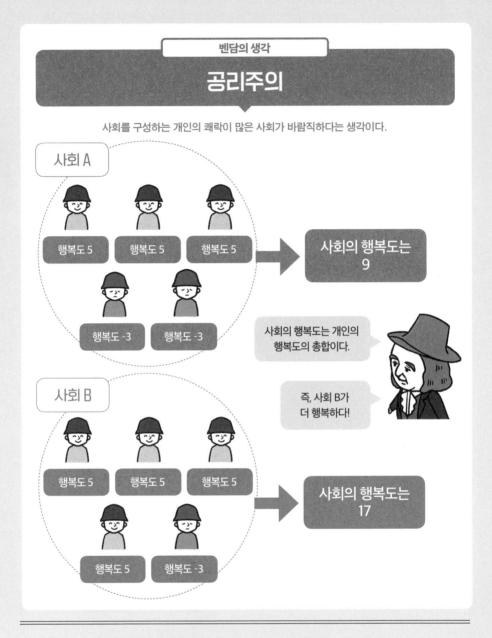

사회 A

행복도 5　행복도 5　행복도 5

행복도 -3　행복도 -3

사회의 행복도는 9

사회의 행복도는 개인의 행복도의 총합이다.

즉, 사회 B가 더 행복하다!

사회 B

행복도 5　행복도 5　행복도 5

행복도 5　행복도 -3

사회의 행복도는 17

이처럼 인간의 행복 및 쾌락은 '쾌락 계산'으로 따져볼 수 있지요.
약간의 희생이 있더라도 사회 전체의 행복도를 올리는 것이 중요합니다.

소외된 노동

노동의 기쁨은 인간의 본질에 있음에도 불구하고,
자본가에 의해 노동자는 그 기쁨에서 소외되고 있다는 생각이다.

이상

내가 생각해도 참
멋진 옷을 만들었어!

누군가를 위해 무엇인가를
만들어내고 기뻐하게 한다.
노동은 본래 이처럼 즐거운 것인데……

노동자

정말이군!
그것 좀 내게 파시오!

자본가

경쟁사인 B에게 지면 안 돼!
좀 더 좋은 옷을
대량으로 생산해!

소외된 노동

임금도 적고, 옷 만드는 게
하나도 재밌지 않아…
아아, 진짜 일하기 싫다……

노동자

최근에 '좋아하는 일을 하며 산다'라는 말을 자주 듣는데,
현대인은 소외에서 벗어나 노동의 본질을 다시금 되돌아보려고 노력하고 있는지도 모르겠군요.

돈이 원하는 만큼 있으면 행복해질까?

고민 내용

상담자

맛있는 음식이나 넓은 집, 편리한 가전제품, 해외여행… 갖고 싶은 건 많지만 이걸 이룰 돈은 없어요. 행복해지려면 역시, 돈이 필요하다는 생각이 들어요. 그럼, 원하는 걸 이룰 만큼의 돈이 생기면 행복해질까요?

인류의 영원한 주제라 할 수 있는 돈… 물론 돈이 있으면 편하게 살 수 있을 것이고, 매일 하고 싶은 일만 하고 살 수도 있겠지요. 그렇다면 정말로 돈이 많으면 행복해질까요? 애덤 스미스 씨와 프롬 씨의 의견을 들어보도록 합시다.

찬반 토론 철학자

네

VS

아니오

애덤 스미스
Adam Smith (1723~1790)

'경제학의 아버지'라고 불리는 영국의 경제학자. 주요 저서로는 《도덕감정론》, 《국부론》 등이 있다.

에리히 프롬
Erich Pinchas Fromm (1900~1980)

독일의 사회심리학, 정신분석학, 철학 연구자. 주요 저서로는 《사랑의 기술》, 《자유로부터의 도피》 등이 있다.

애덤 스미스

저는 행복하려면 기본적으로 돈이 필요하다고 생각합니다. 그 점을 설명하기 위해 행복의 조건에 대해 먼저 이야기해야 겠군요. 행복의 조건은 평온과 즐거움입니다. 그리고 이 부분이 중요한데, 평온하지 않은 상태에서의 즐거움은 받아들이기 어렵지요.

에리히 프롬

네… 아무래도 걱정이나 고민이 많을 때는 즐거움을 느끼기 어려울 테니까요.

애덤 스미스

맞습니다. 그리고 그 평온한 상태를 만들기 위해 무엇이 필요할까… 그건 바로 돈입니다! 돈이 전부라는 건 아니지만, 돈이 많은 고민을 해결해 주고 불쾌한 감정을 느끼지 않도록 도와주는 건 사실입니다. 그러니 돈이 많으면 우선 행복해지기 위한 전제 조건은 갖췄다 해도 과언이 아니지요.

에리히 프롬

음, 그렇군요…….

애덤 스미스

그리고 개인의 돈이 때로 경제 전체를 움직이는 원동력도 됩니다. 개인이 어떤 물건을 사려고 하는 의사인 '수요', 그리고 물건을 만들려고 하는 의사인 '공급'. 이 두 가지의 작용에 의해 경제가 성립하는 것이지요. 바꿔 말하자면 개인의 이기심과 욕망이 경제 전체를 가장 적절한 상태로 이끌어가고 있다는 겁니다. 저는 이걸 '보이지 않는 손'이라고 불렀습니다. 그런 의미에서도 돈은 중요하다고 생각합니다.

에리히 프롬

정말 그럴까요? 저는 평온이라는 상태는 돈이 풍족하지 않아도 만들어낼 수 있다고 생각합니다.

애덤 스미스

에리히 프롬

흠, 일단 한번 들어봅시다.

인간 삶에는 '소유 양식'과 '존재 양식' 두 가지가 있습니다. 스미스 씨가 말하는 삶의 방식은 '소유 양식'에 해당하겠지요. 돈이나 그걸로 살 수 있는 다양한 물건이 있을 때는 노력하면 그것들을 살 수 있습니다. 소유와 소비에서 기쁨을 찾는 삶이지요. 그러나 그걸 살 수 없고 가질 수 없게 되면 어떻게 될까요? 매우 불안정한 상태에 빠지겠지요. 평온을 실현할 수 없는, 이 상태가 바로 불행 아닙니까?

애덤 스미스

말씀대로 평온을 실현하지 못하면 불행해지겠지요.

에리히 프롬

그런데 제가 생각하는 또 하나의 양식인 '존재 양식'에서는 소유에서 자유로워질 수 있습니다. 돈이 없어도, 물건이 없어도 인간은 평온을 느낄 수 있지 않나요? 돈이나 물건을 원하는 '소유 양식'은 결과만을 추구합니다. 그래서 그걸 얻지 못하면 슬프고 괴롭지요. '존재 양식'은 거기까지 이르는 과정을 중시합니다. 원하는 것을 얻으려고 노력했으나 이룰 수 없었다, 그러나 그 과정에서 노력한 경험을 통해 나는 확실히 성장했다. 설령 목적을 달성할 수 없었다고 해도 그 속에서 행복을 느낄 수 있는 것이지요.

애덤 스미스

그렇게 생각하는 사람도 있겠지만, 대다수의 사람들은 돈이 없는 상태에서는 평온을 현실화하기 어렵지 않습니까?

에리히 프롬

그뿐만 아니라 '존재 양식'에서는 자신의 능력을 타인을 위해 썼을 때도 행복을 느낄 수 있습니다. 예를 들어, 돈을 많이 벌었어도 나 혼자만을 위해 산다면 그 행복에는 한계가 있겠지요. 이처럼 남을 위해 행동하는 사람이 있을 때 비로소 사회 전체도 풍족해지는 겁니다.

애덤 스미스

과연 그럴까요? 인간은 기본적으로 자기 자신을 위해 노력함으로써 행복을 느낍니다. 제빵사는 자기가 돈을 벌고 싶어서 맛있는 빵을 만들지요. 그러려면 좀 더 좋은 밀가루를 들여야 합니다. 밀가루를 만드는 농가는 좀 더 많은 돈을 벌고 싶어서 더 좋은 밀가루를 만들지요. 그런 이기심이 모여 사회 전체를 풍족하게 하고, 인간을 행복하게 만드는 겁니다. 돈이 더 필요하다는 마음을 가지고 노력하는 것은 잘못이 아니에요. 다만, 자기 이기심 추구를 위해 인간의 도리와 법률에서 벗어나는 짓을 해도 된다는 뜻은 아니지만······.

소크라테스

거기까지! 자신만을 위해서 살지, 아니면 타인과 함께 살아갈 것인지. 논쟁의 열기가 뜨거웠지만, 인류 보편적인 주제인 만큼 두 분 모두 한 치의 양보도 없었습니다. 현대인 여러분은 어떻게 생각하십니까?

에리히 프롬의 주장

'소유 양식'에서 '존재 양식'으로 사고를 바꿔, 결과가 아닌 과정을 중시하면 돈이 별로 없어도 평온한 삶을 실현할 수 있다.

애덤 스미스의 주장

행복을 위해서는 평온이 필요하다. 그 평온은 돈이 있으면 비교적 쉽게 실현될 수 있다.

● 지갑이 가벼우면 마음이 무겁다.

괴테

● 돈이 있는 자는 돈이 있기에 부정을 저지르고, 돈이 없는 자는 돈이 없어서 부정한 짓을 저지른다.

무샤노코지 사네아쓰

● 돈의 가치는 각자의 눈에 달리 비친다.

윌리엄 새커리

소유 양식과 존재 양식

재산이나 이익만 추구하는 게 아니라
창조력 발휘나 노력 자체에서 의미를 찾아내려는 생각이다.

소유 양식

돈이 없으면 아무것도
얻을 수 없지!
자본주의는 무조건
돈을 벌어 쓰는 게 최고!

내면의 허무함을 물질로
채우려는 게 아닐까…?

존재 양식

내 능력이나 개성이
충분히 발휘되는 것이
무엇보다 중요해!

다른 사람과 나누는 게
진정한 행복이야.

격차사회를 고쳐나가는 것도 중요하지만, 임금이 좀처럼 오르지 않는 오늘날에는
물질적인 풍요만이 전부가 아니라는 사실도 되새겨봐야 하지 않을까요?

애덤 스미스의 생각

자유방임주의

사람들이 자유롭게 이익을 추구하는 것이야말로 생산력을 높이고
사회 전체의 부를 증대시킨다는 생각이다.

빵을 팔아 돈을
잔뜩 벌어야지!

그러기 위해서는 좀 더
좋은 밀가루를 써야겠어.

더 좋은 밀가루를 만들어
빵 가게에 많이 납품하면
돈을 더 벌 수 있지!

이쪽도 질 수 없지!
다른 빵 가게보다 맛있는 빵을 만들어 팔아야 해…!

모두가 자기 이익을 위해서 노력함으로써 생산력이 올라가고
결과적으로 사회 전체가 풍요로워진다.

20세기에 들어서면서 자유방임주의로는 시장 경제가 막다른 길에 몰린 것 같지만, 그 후에 등장한
자유주의나 신자유주의도 원래는 저의 자유방임주의나 밀의 공리주의가 있었기 때문에 가능했지요.

주식 투자자가 수억 원을 버는 세상, 불공평하지 않나?

상담자

저는 소위 말해 사회 필수인력입니다. 그러나 임금이 적어서 간신히 생활을 꾸려가고 있습니다. 그런 와중에 주식 투자자가 컴퓨터 앞에서 주식을 사고파는 것만으로 하루에 수억 원을 벌었다는 이야기를 듣고… 세상이 너무 불공평하다는 생각이 들었어요.

육체적, 정신적으로 힘들어도 저임금인 노동이 있는 건 사실입니다. 이런 상황이 불공평하다고 할 수 있을까요? 또다시 등장한 아리스토텔레스 씨와 미국 현대 철학에 큰 충격을 가져다준 롤스 씨의 대결입니다.

찬반 토론 철학자

네

존 롤스
John Rawls (1921~2002)

미국의 철학자. 저서 《정의론》에서 사회 만족도의 총합을 중시하는 공리주의를 부정했다.

VS

아니오

아리스토텔레스
(기원전 284년경~기원전 322년경)

고대 그리스의 철학자이자 플라톤의 제자. 알렉산드로스 대왕의 가정 교사를 맡았고, 리케이온이라는 학원을 창설했다.

아리스토텔레스

저는 앞에서 능력에 따라 부가 분배되는 '분배적 정의'에 대해 이야기했습니다. 누구나 간단히 해낼 수 있는 단순 작업과 고도의 전문성을 필요로 하는 일에는 역시 차이가 있겠지요. 사회 필수인력인 경우 상황이 다르겠지만, 예를 들어 카운터에서 계산하는 일로 얻은 보수가 고도의 판단력을 구사하는 증권업자의 보수와 단순하게 비교될 수는 없지 않을까요?

롤스

그렇군요. 하지만 거래에는 자금이, 그리고 컴퓨터의 데이터를 다루려면 높은 수준의 지식과 기술이 필요합니다. 이런 것들이 순수하게 개인의 노력만으로 얻는 것일까요? 그 답은 '아니오'입니다. 인종과 성별을 비롯하여 인간에게는 스스로 '선택할 수 없는' 조건이 얼마든지 있습니다. 요즘 말로 하자면 일종의… '뽑기' 같은 것이지요. 따라서 이런 문제에 관해서는 인간의 속성을 빼고 '공평하고 공정하게' 정의正義를 고려해야 할 것입니다.

아리스토텔레스

으으음, 그럼 어떻게 해야 공평한 것이란 말입니까?

롤스

예를 들어, 사회 구성원 각자가 자기에게 어느 정도의 재산과 능력이 있는지 전혀 모르는 상태에 있다고 가정해 봅시다. 이런 '무지의 베일' 아래서는 많은 사람이 '만약 내가 가난하더라도, 능력이 없어도 살아갈 수 있는 사회'를 바라며 '자유가 공평하게 분배되는 것'에 합의했을 것입니다. 이것이 저는 '공정으로서의 정의'라고 생각합니다. 불평등이 인정되는 건, 불우한 상황에 놓인 사람이 부의 재분배 등으로 구제될 방법이 있을 때뿐이지요.

아리스토텔레스

그 말씀은 부유한 사람이 가난한 사람에게 부를 나눠줘야 한다는 뜻입니까?

롤스

그렇습니다. 예를 들어, 고소득자는 고액의 세금을 내고, 그 돈을 사회 보장을 위해 쓰는 것이지요.

아리스토텔레스

흐음, 그러면 능력을 쌓기 위해 노력하던 사람이 노력을 그만둘 수도 있지 않겠습니까? 복잡한 전문적 업무와 간단한 단순 작업에서 똑같은 보수를 받거나, 주식 투자자가 물건 계산하는 사람의 기본적인 생활을 책임져야 한다면 불만이 속출하겠지요. 그러니 사회의 부는 능력에 따라 정해져야 하지 않겠습니까?

롤스

말씀하신 의도는 이해가 됩니다만, 이 사회는 개인의 실력만으로 움직이는 게 아닙니다. 그걸 평가하는 많은 사람이 있어서 성립되는 것이지요. 또, 잘나가던 주식 투자자가 뇌 질환에 걸려 오늘부터 복지 혜택을 받아야 하는 상황도 상상해 볼 수 있습니다. 즉, 이 사회에서 불행은 '내일 나한테도 찾아올지 모르는 일'인 것이지요. 그런 의미에서의 대전제가 '무지의 베일'이며, 이 사회의 정의에 대해 합의하는 기본이 됩니다. 어느 정도의 격차 시정을 허용하지 않으면 자유 경쟁에 의해 사회나 경제가 발전할 여지를 잃게 돼요. 당연하지만 사회 구성원의 합의가 성립하는 범위 안에서의 이야기지만요.

아리스토텔레스

그러나 사회가 예전보다 훨씬 커지고 다양해진 현대에서는 당신이 말하는 구성원 간 합의를 성립하는 것이 어렵지 않겠습니까? 무엇보다 당신의 말처럼 공정으로서의 정의에는 개인의 자유만 강조되고, 인간과 사회가 하나의 최고선을 추구하는 태도가 전혀 느껴지지 않는듯합니다만.

롤스

말씀대로 제 하버드대 후배인 샌델도 공동체에 있어 선의 추구라는 목적의식이 없다고, 제《정의론》을 비판한 적이 있었습니다. 아, 그러고 보니 그의 철학은 당신의 목적론의 영향을 받았던 것이었군요…….

아리스토텔레스

샌델이라는 분에 대해서는 잘 모르지만, 제가 보기에 당신의 생각으로는 평등 실현이 상당히 어려울 것으로 느껴지는군요.

소크라테스

거기까지 하세요! 고대 그리스의 아리스토텔레스 씨와 20세기 자유주의를 주장한 롤스 씨, 살았던 시대가 크게 달라도 마이클 샌델 씨를 통해 사상적으로 이어져 있었던 거군요. 어쨌든 최대다수의 최대행복을 목표로 하는 공리주의적 풍조가 크게 흐르는 21세기라도 격차와 빈곤 문제는 쉽게 해소되지 않는 게 현실입니다. 실업이나 도산이 이어지는 요즘, 그런 것들이야말로 시급한 과제가 아닐 수 없겠지요.

아리스토텔레스의 주장

능력에 따른 부의 배분이 이루어져야 한다(배분적 정의).

롤스의 주장

'무지의 베일' 아래에서 보면 이 세상은 '불행이 내일 나한테도 찾아올지도 모르는' 상황으로 가득하다. 경제적 불평등은 사회적 약자의 구제가 이루어질 때만 허용된다.

● 평등은 올바른 것일지는 몰라도, 지상의 어떤 힘도 그걸 실현하지 못한다.

오노레 드 발자크

● 평등은 말로만 존재할 뿐이다.

에우리피데스

● 가난뱅이가 제일이다. 누구도 너의 그 가난을 훔치려 하지 않을 테니.

윌리엄 셰익스피어

지성적 덕과 습성적 덕

인간의 덕(아레테arete)에는 지성의 작용을 원활히 하는
지성적 덕과 행동이나 감정을 좋게 하는 습성적 덕이 있다는 생각이다.

지성적 덕

무엇을 위해서가 아니라
알려고 하는 것 자체가
고귀한 일이지!

관상
(테오리아)

학문

지혜
(소피아)

지성

사려

기술

습성적 덕

지성적 덕에 기초하여 사려를
작용시키면서 중용과 우애 등
습관을 갖추는 것이 중요!

우애

정의

용기

절제

중용
(메소테스)

온화   관대

수치심   기지

담대함

무엇보다 중요한 건, 극단적으로 쏠리지 않는 중용입니다. 그러니 어떤 이는 돈을 잔뜩 벌고
또 다른 이는 낮은 임금만 받는 것도 사회에 덕이 없는 상태라고 할 수 있지요.

롤스의 생각

공정으로서의 정의

타인의 권리에 해를 끼치지 않는 한 개인의 자유가 보장되어야 하고,
공정한 경쟁에서 생기는 격차는 사회 전체가 번영하는 한 인정되어야 한다는 생각이다.

롤스에 의한 정의의 원리

평등한 자유의 원리

타인의 권리를 침해하지 않는 한 각 개인에게 자유가 평등하게 부여된다.

자유는 우리 것이야!

공정한 기회 균등의 원리

경쟁에서 발생한 격차는 경쟁이 공정한 것이면 인정된다.

격차 시정의 원리

경쟁에서 격차가 발생한 경우, 혜택을 받은 사람들은 그렇지 않은 사람들의 생활을 개선할 의무가 있다.

개인의 권리나 자유를 보장하면서 자유 경쟁을 이끌고 사회 보장으로 격차를 줄이는 것이 이상이었지만,
최근에는 신자유주의에서도, 공동체주의에서도 비판받아 형세가 참 안 좋네요……

정부 정책이 마음에 들지 않아도 세금은 내야 하나?

상담자

요즘 뉴스를 보면 진절머리가 나요. 정치인들은 하고 싶은 대로 하고, 국민은 가난해지기만 하니까요. 가끔 세금 내는 것도 아깝다는 생각이 들어요. 물론, 세금은 내는 게 맞겠지만, 감정적으로는 동의가 잘 안 되네요.

어느 시대든 정치가에 의한 부패는 변함없이 존재합니다. 그렇다면 정부의 운영 방식이 마음에 들지 않아도 세금을 납부해야 할까요? 앞서 등장한 마르크스 씨와 영국 경험론의 아버지 로크 씨의 논의가 이미 시작됐네요.

찬반 토론 철학자

네

아니오

VS

존 로크
John Locke (1632~1704)

영국의 철학자이자 정치 사상가. 사회계약설과 저항권을 제창했고, 그 사상은 프랑스나 미국 혁명에도 많은 영향을 주었다.

마르크스
(1818~1883)

독일의 경제학자. 물질적인 것이 역사를 움직인다는 '유물사관'을 주장했다. 저서로는 《자본론》, 《공산당 선언》 등이 있다.

로크

우선 사람들이 왜 정부를 만들었는지부터 생각해 봅시다. 인간은 생명, 자유, 재산에 대한 '소유권property'을 가지고 있습니다. 다만, 인간이 자연 그대로 방치되어 있으면 그 소유권은 절대로 보장받을 수 없지요. 그래서 국민의 소유권을 보호하는 것이 정부가 가진 역할 중 하나입니다. 국민이 사회와 계약하여 법률을 집행하는 권한을 정부에 '신탁'함으로써 국민의 소유권이 정부에 의해 안정적으로 보호되고 있는 것이지요. 동시에 국민에게는 세금을 내야 하는 의무가 생겨나지만요.

마르크스

그런 소유권 주장 방식은 주로 지배계급에 의한 착취와 연관된 것이 아닙니까.

로크

그래서 이 계약에는 '저항권'이 포함되어 있습니다만⋯ 정부가 국민의 신탁에 충분히 부응하지 못한다면, 국민은 그때까지의 정부를 부정하고 사회를 더욱 잘 운영할 수 있는 새로운 정부를 만들 수 있다는 것이지요.

마르크스

제가 보기에는 좀 안이한 사고방식 같군요. 그렇게 해서는 착취나 노동의 소외가 사라지지 않을 테니까요.

로크

그럼, 마르크스 씨는 공산주의가 좋다고 말씀하시는 겁니까?

마르크스

그렇습니다. '프롤레타리아트' 즉, 노동자 계급이 들고 일어서며 발생하는 프롤레타리아 혁명, 그리고 공산주의 실현이 필요합니다. 오히려 사리사욕에 직결되기 쉬운 소유권을 다시 되돌아보고, 계급 대립이 존재하지 않는 평등한 사회를 만드는 것이 역사에 필요하지 않겠습니까. 로크 씨의 혁명과 다른 점은 단계적으로 정부와 국가까지 해체한다는 것에 있습니다.

로크

무서운 말씀을 하시는군요. 소유권의 부정이라니! '그것이야말로 전체주의에 직결되는 게 아닙니까? 자랑은 아니지만 제 생각은 프랑스 혁명이나 미국 독립 혁명의 사상적 기둥이 됐고, 결과적으로 자유국가인 미합중국이 탄생했습니다.

마르크스

지금의 미국 어디에 자유가 있다는 겁니까? 한 주먹도 안 되는 부유층이 사회 전체를 좌지우지하고, 노동자 계급은 빈곤에 허덕이는 등 격차사회 그 자체 아닙니까. 제가 목표로 하는 프롤레타리아 독재에 의한 공산주의 실현은 전체주의와 전혀 다른 것입니다. 부르주아지, 다시 말해 자본가 계급이 독점했던 생산 수단을 전 국민이 공유하는 재산으로 삼음으로써 평등한 사회를 만들자는 뜻이라고요. 이때 세금 대부분이 사라지게 됩니다.

로크

당신의 생각은 러시아 혁명의 원동력이 됐지만, 그로 인해 생긴 소련을 보세요. 공산당의 독재로 인해 암흑사회가 되지 않았습니까. 미합중국은 지금도 건재하지만 소련은 붕괴했다는 점에 대해 당신은 어떻게 생각하십니까?

마르크스

소련 체제는 제가 이상적으로 생각했던 진정한 공산주의와는 거리가 있는 것이었습니다. 쉽게 말하자면, 공산주의의 본래 이념은 누구나 그 능력에 따라 일하고 '필요에 맞춰 분배 받는다'라는 것이지요. 이렇게 하면 자본주의사회에서 말하는 소유권이 필요하지 않습니다. 그런데 목표치를 부과 받고 일하며 '노동에 맞춰 분배 받는다'라는 점에서 볼 때, 소련이나 북한의 불완전한 국가사회주의에서는 노동에 맞춘 적절한 분배가 이루어지지 않았습니다. 진정한 공산주의는 이제부터 실현되어야 하지 않겠습니까?

로크

말이 그렇지, 결국 독재 아닙니까. 제가 보기엔 프롤레타리아 독재든 뭐든 결국 좋은 독재란 있을 수가 없습니다. 당신의 생각은 제가 이상으로 여기는 국민주권 민주주의와는 전혀 맞지 않는 것 같군요.

소크라테스

자자, 그만! 의회제 민주주의를 주장한 로크 씨와 공산주의 실현을 목표로 한 마르크스 씨. 입장과 주장은 다르지만 상담자도 '세금과 정부의 역할이란 대체 무엇일까?'를 생각해 보는 좋은 기회가 됐을 것으로 보입니다. 덧붙이자면 공산주의는 어디까지나 자본주의의 대립 개념일 뿐이지, 본래는 민주주의의 한 형태라 볼 수 있습니다. 물론 공산주의를 목표로 한 이상적인 민주국가가 실현된 적은 지금까지 없는 것도 사실이지만요.

마르크스의 주장

생산 수단을 국민이 공유하는 공산주의를 통해 착취나 계급 대립이 없는 평등한 사회를 실현할 수 있다. 궁극적으로는 세금도 사라지게 된다.

로크의 주장

정부는 권력을 신탁 받아서 국민의 소유권을 지킨다. 한편, 국민에게는 납세의 의무가 생긴다. 단, 국민이 맡긴 일을 정부가 제대로 해내지 못했을 경우, 국민은 정부를 부정할 권리도 동시에 가지고 있다.

● 이 세상에서 확실한 것은 죽음과 세금뿐이다.

벤저민 프랭클린

● 지금껏 생각하는 것에 세금을 부과한 사람은 존재하지 않는다.

찰스 케터링

● 인간은 여러 부채 중에서 세금을 제일 싫어한다. 이것이 정부에 대해 얼마나 풍자적 의미인지 생각해 보라.

랄프 왈도 에머슨

공산주의

생산 수단을 모든 사람이 공유함으로써 계급 대립도, 착취도 없는
이상적인 사회를 목표로 하자는 생각이다.

19세기의 자본주의

자본가 계급(부르주아지)이 생산 수단을 독점하고,
노동자 계급(프롤레타리아트)을 지배한다.

일해!
자, 어서
일하라고!

우리는 대체
왜 사는 거지…?

노동이란 본래
자기실현의 수단인데
이래서는 안 돼…….

사회주의 혁명

프롤레타리아트가 부르주아지를 무찌르고 생산 수단을 공유화하여
계급 대립 없는 이상 사회를 건설한다.

생산도, 노동도 본래
우리 자신의 것이야!

'능력에 맞춰 일하고, 필요에 맞춰 대가를 받는다'라는 것이야말로 진정한 민주주의 아닙니까?
앞서 논의에서도 말했지만, 구소련의 국가사회주의는 과도적인 단계에 불과했을 뿐입니다!

국민주권과 저항권

국가의 주권(정치 방식을 최종적으로 결정하는 권리)은 권력자가 아니라
국민에 있다는 생각이다.

신탁   국민은 정부를 믿고 권력을 맡긴다.

부탁해요!

맡겨주세요!

권력

저항권   정부가 권력을 올바르게 사용하지 않는 경우,
국민에게는 저항할 권리가 있다.

우리를 위해 일하지 않는
정부를 없애버리자!

앞서 논의에서 말했듯 제 생각은 프랑스 혁명과 미국 독립 혁명의 사상적 기둥이 됐습니다.
그리고 의회제 민주주의는 지금도 세계 정치의 기준이 되고 있지요.

더 알고 싶은
철학자 도감 04

한나 아렌트

Hannah Arendt
(1906~1975)

독일의 유대인 가정에서 태어나 미국으로 망명한 정치학자. 나치스의 박해에서 벗어나 1941년에 미국으로 망명했다. 전직 나치스 친위대원의 재판을 방청하며, 평범한 사람이 유대인 학살에 가담하게 된 사실에 대해 고찰했다. 주요 저서로는 《인간의 조건》, 《전체주의의 기원》 등이 있다.

아렌트는 《전체주의의 기원》에서 나치스가 등장한 당시 독일 사회에 대해, 고독한 개인으로 이루어진 대중이 아리아인의 우위를 주장하는 나치스의 망상적인 인종적 이데올로기에서 귀속 의식을 찾아내려고 하다 결국 전체주의에 사로잡히게 된 과정을 분석했다. 또한, 아렌트는 고대 그리스의 폴리스(도시국가)를 모델로, 사람들이 사회 방식에 대해 자유롭게 논의하는 '공공적 공간'에서의 '활동'이야말로 정치라고 주장했다.

더 알고 싶은
철학자 도감 05

자크 데리다

Jacques Derrida
(1930~2004)

프랑스의 철학자. 식민지 시대의 알제리에 있던 유대인 가정에서 태어나 후에 프랑스 본국에서 철학 교편을 잡는 한편, '탈구축'을 제창하여 새로운 철학을 확립하려고 했다. 주요 저서로는 《글쓰기와 차이》가 있다.

데리다는 세계를 이항 대립으로 보고, 우열을 가리려고 하는 플라톤 이후의 사고방식에 대해 비판했다. 그는 진리는 말로 표현하는 것이며, 로고스(이성)는 파토스(감정)보다 우월하다는 로고스 중심주의, 세계의 궁극을 인간이 아닌 신에게 두려는 사고방식, 남성 중심적인 견해 등 이제까지 서양 사상이 구축된 토대가 됐던 고정적인 사고에서 벗어나 새로운 철학을 실천하기 위한 '탈구축'을 제창했다.

더 알고 싶은
철학자 도감 06

루트비히 비트겐슈타인

Ludwig Josef Johann Wittgenstein
(1889~1951)

오스트리아에서 태어나 후에 영국 국적을 얻은 철
학자이자 케임브리지대학교 교수. 젊은 시절에 항
공 공학과 수학을 공부했다. 언어 원리를 분석한
언어학자이자 분석 철학의 선구자. 주요 저서로는
《논리철학론》,《철학적 탐구》가 있다.

비트겐슈타인은 언어를 통해 생각하는 철학의 더 깊은 근본, 다시 말해 언어
란 대체 무엇인가를 추구追究했다. 그는 언어란 논리에 의해 성립되는 것이
아니라 일상생활의 행위 속에서 기능하는 것으로 봤다. 비트겐슈타인은 일상
회화라는 건 생활 속의 규칙에 따라 행해지는 일종의 게임과 같은 것으로 생
각하는 한편, 일상적인 현실의 사물과 현상에서 벗어난 신과 도덕 등을 논리
적으로 설명하는 것은 불가능하다고 여겼다.

죽고 싶다는 생각이 나쁜 걸까?

상담자

사는 게 너무 힘들어요. 월급도 안 오르고, 세상 돌아가는 걸 보고 있으면 미래에 대한 희망을 품기 힘들어요. 불안하기만 해요. 차라리 확 죽어버릴까 생각하기도 해요. 하지만… 죽고 싶다고 생각하는 게 나쁜 건가요?

어떤 시대든 삶의 고통은 존재하고, 문명과 기술이 아무리 발달해도 죽음에 대한 고뇌는 끊이지 않는 것 같습니다. 이 고민에 답해줄 철학자는 의료로 그리스도교 전도에 힘쓰신 슈바이처 씨와 정토진종 교조인 신란 씨입니다.

찬반 토론 철학자

네

VS

아니오

알베르트 슈바이처
Albert Schweitzer (1875~1965)

프랑스의 의사이자 철학자. 아프리카에서 의료 활동과 그리스도교 전도에 봉사했다. 철학 분야에서는 '생명에의 외경'을 논했다.

신란
親鸞 (1173~1262)

정토진종의 교조이자 헤이안~가마쿠라 시대의 불교가. 염불을 외우면 어떤 자라도 구원을 받는다고 주장했다.

슈바이처
20세기 초, 제가 살았던 아프리카 가봉은 유럽에서 건너온 백인에게는 매우 가혹한 환경이었습니다. 1903년 당시 수도 리브르빌에서의 백인 사망률은 14퍼센트에 이르렀지요.

신란
그건 소승이 살았던 12~13세기도 마찬가지였습니다. 겐씨原氏와 헤이씨平氏에 의한 전란이나 대기근 등으로 고통스러웠던 삶은 21세기와 비할 바가 못 되었지요.

소크라테스
그렇군요. 그런 시대와 환경 속에서 두 분은 어떻게 살아야 한다고 생각하셨습니까? 그리고 괴로운 생에 대해 죽고 싶다고 여기는 것은 잘못일까요?

슈바이처
단적으로 말하자면, 죽고 싶다는 생각은 좋지 않습니다. 인간만이 아니라 모든 생명은 신이 내려준 아주 가치 있는 것이지요. 그러므로 모든 생물은 태어나면서부터 살아가려는 의지를 갖고 있습니다. 그러나 그 살려는 의지를 자각하는 건 우리 인간밖에 없지요. 그런 것을 자각할 수 있는 인간이라는 존재에게는 인간을 포함한 모든 생명을 소중히 여기고 지켜야 할 책임이 있다고 생각합니다. '생명에 대한 경외심' 말입니다.

신란
호오…….

슈바이처
그 책임이야말로 윤리입니다. 그렇게 생각하면 생명을 지키고 유지하는 것은 선이고, 생명을 파괴하려는 것은 악입니다. 당연히 자기 자신의 생명을 파괴하는 것 역시 악에 해당하겠지요.

신란

그렇게 생각하십니까? 소승이 보기에 인간은 아미타불의 크나큰 자비에 의해 살아가는 것이 아닌가 싶습니다. 그러니 아미타불의 구원을 믿는 자는 누구나 극락정토로의 왕생이 약속되지요. 그 점에 감사하며 자연히 입에서 나오는 것이 염불입니다. 그게 설령 번뇌에 휩싸여 스스로 깨달을 수 없는 악인이라고 할지라도……. 아니, 오히려 자기 자신이 그러한 범부凡夫임을 자각하면서 아미타불에 매달리는 악인이야말로 아미타불의 구원을 받기에 적합하겠지요.

슈바이처

만약 구원이라는 게 있다면 선을 행해온 자에게 내려져야 하는 게 아닙니까?

신란

현세가 아무리 괴로워도, 번뇌에 휩싸여 깨달음을 얻을 수 없더라도 아미타불은 왕생으로 이끌어주십니다. 그것이야말로 아미타불의 위대한 자비심이지요. 당신은 생명에 해를 끼치는 것이 악이라고 하셨는데, 아미타불의 구원을 능가하는 것은 존재할 수가 없습니다.

슈바이처

생명에 해를 끼치는 것이 악이 아니라면, 스스로 죽음을 택하는 것도 악이 아니라는 뜻입니까?

신란

상담자의 말처럼 이 세상은 괴로움으로 가득 차 있습니다. 그 괴로움 때문에 극락정토라는 도피처를 찾는 것도 산 자의 거짓 없는 마음이 아니겠습니까. 물론 스스로 목숨을 끊는 것을 권하는 건 아니지만, 왕생이 가능하다면 때로는 극락정토로의 왕생이 구원일 수도 있을 겁니다. 구원은 '절대타력絶対他力'

즉, 선악의 행동과 관계없이 그저 아미타불의 크신 자비에 열심히 매달린 결과 얻을 수 있는 것입니다.

슈바이처

전 도저히 받아들일 수가 없군요. 당신의 생각은 만물의 영장인 인간이 가지고 태어났을, 모든 생명에 대한 책임 의식이 부족한 것으로 여겨집니다.

소크라테스

거기까지! 휴머니즘 사상의 아버지라 할 수 있는 그리스도교인 슈바이처 씨와 말법사상의 시대를 살아온 정토진종의 신란 씨의 입장 차이가 큰 것은 어쩔 수 없는 것 같습니다. 물론 자살을 권장하는 건 아니지만, 절대타력에 의한 극락왕생을 주장하는 신란 씨가 세상이 어지러워 인간의 생명이 지금보다 훨씬 가볍고 현세에 희망을 품기 어려웠던 12세기 중반에서 13세기 중반을 산 사람이라는 점을 기억해 두도록 합시다.

신란의 주장

누구든지 아미타불을 믿어야만 극락정토에 갈 수 있다. 현세에서 벗어나려는 생각은 문제가 되지 않는다.

슈바이처의 주장

인간은 모든 생명을 소중히 해야 할 책임이 있다(생명에의 외경). 생명을 해하는 것이나 죽음을 바라는 것은 그 자체로 악이다.

● 죽음이란 육체로부터의 해방이다.

소크라테스

● 인간은 한 번만 죽을 수 있다. 생명은 신에게서 빌린 것이다.

셰익스피어

● 죽음이 구원이라고 해도 그렇게 이해할 수는 없는 것이다.

오사라기 지로

악인정기惡人正機

번뇌에 사로잡힌 자신의 힘으로는 도저히 깨달음을 얻을 수 없다.
그러한 생각을 가진 사람(악인)이야말로 아미타불의 구원을 받을 만하다는 생각이다.

소승이 말하는 선인, 악인이라는 것은 세상에서
말하는 착한 사람과 나쁜 사람을 뜻하는 것이 아닙니다.

선인

덕
덕
덕

악인

수행을 통해 자신의 힘으로
깨달음을 얻으려는 사람

번뇌에 사로잡혀 자신의 힘으로는
도저히 깨달음을 얻을 수 없는 사람

깨달음을 얻을 수 없는 무력한 자신을 자각하고,
열심히 아미타불에 매달리는 사람이야말로 구원
받을 자격이 있다는 것이지요.

나무아미타불.

나무아미타불.

구원해 드리겠습니다.

나무아미타불.

나무아미타불.

아미타불의 구원은 열심히 염불을 외우는 모든 사람에게 미치는 것입니다.
아미타불의 크나큰 구원을 막는 악은 애당초 존재하지 않지요.

생명에의 외경

모든 생명은 신이 내려주신 신비한 것이며,
가치 있는 것이므로 소중히 해야 한다는 생각이다.

> 모든 생명은 살아가려는
> 본질적 의지를 갖고 있다.

> 인간에게는 모든 생명을
> 존중하고 지킬 책임이 있다.

> 모든 생명을 지키고 공경하는 것이 선이
> 고, 생명을 해치고 파괴하는 것은 악이다.

인간에게는 모든 생명을 공경하고, 지켜야 할 책임이 있습니다.
생명에의 외경이야말로 윤리입니다. 목숨을 끊는다니 절대로 안 됩니다!

지인의 죽음을 계속 슬퍼해도 될까?

상담자

친한 친구가 세상을 떠났습니다. 참 가까운 사이였던지라 굉장히 슬프고 괴롭습니다. 그렇다고 이렇게 계속 슬퍼만 할 수는 없는 노릇이지만… 그렇다고 이대로 잊는다는 게 너무 슬프고 안타깝습니다.

인간은 살아 있으면 언젠가 가까운 사람의 죽음에 직면하게 되지요. 이를 피할 수 있는 사람은 없습니다. 그럴 때는 어떤 마음을 가져야 좋을까요. 기원전 철학자인 데모크리토스 씨와 20세기 철학자인 레비나스 씨의 시공을 초월한 논쟁을 지켜봅시다.

찬반 토론 철학자

네

VS

아니오

에마뉘엘 레비나스
Emmanuel Levinas (1906~1995)

프랑스의 철학자. 제2차 세계대전 중, 독일군의 포로로 잡혀 수용되었다. 주요 저서로는 《전체성과 무한》 등이 있다.

데모크리토스
Democritos (기원전 460년경~기원전 370년경)

트라키아, 지금의 그리스 북부의 자연 철학자. 물질은 더 이상 분해할 수 없는 원자에 의해 구성되어 있다고 주장했다.

레비나스

… 그 심정 충분히 이해합니다. 저도 가족과 여러 친구를 나치 수용소에서 잃은 적이 있어서 어떠한 기분일지 짐작이 갑니다.

데모크리토스

많은 분을 그렇게 잃는다면… 참 슬픈 일이겠지요. 하지만 그리 걱정할 것 없습니다. 왜냐면 원자라는 건 불멸의 존재이기 때문입니다. 영혼이 몸에서 벗어나 그 사람이 죽더라도 영혼을 구성하고 있던 원자는 결코 소멸하지 않습니다. 인간의 죽음에 의해 몸에서 벗어난 영혼의 원자는 이리저리 흩어지게 되지만, 원자 그 자체가 사라지지는 않으니, 고인의 영혼은 형태만 바뀔 뿐 이 세상에 남아 있다는 뜻이 되지요.

레비나스

그건 당신이 살던 시대 사람들이 가진 특유의 사고방식인 것 같습니다. 저는 죽은 사람은 그 존재 자체가 사라져서 허무로 돌아가게 된다고 생각합니다만.

데모크리토스

그럴 수가……. 아니, 참으로 흥미롭군요. 계속 말씀해 보세요.

레비나스

제가 보기에 중요한 건 남겨진 사람들의 마음가짐인 것 같습니다. 세상을 떠난 이를 떠올리고 생각하다 보면 때때로 왜 그 사람이 아니라 내가 죽지 않았을까 하는 죄책감이 들지요. 저만 해도 나치의 홀로코스트로 가족을 잃고도 저만 살아남았다는 가책을 느끼곤 했으니까요. 하지만 역설적이게도 살아남은 사람은 자신이 죽은 그를 대신하지 못했다고 괴로워하면서도, 지금 이 순간 살아 있다는 사실을 직시하게 됩니다.

데모크리토스

레비나스

그건 아주 괴로운 일이겠군요.

네, 그 행위에 무슨 보상이 있는 것도 아니고 허탈감만 남을 뿐입니다. 그러나 그런 허탈감 속에서도 죽은 이를 떠올리는 건 그 사람을 향한 대가 없는 사랑이고, 그 행위는 결국 남겨진 나 자신이 계속 살아가야 할 의미를 더 깊이 고민해 보는 것과 연결된다고 생각합니다.

데모크리토스

그렇군요. 세상을 떠난 타인을 통해 자신의 존재 의미를 묻는다라… 참으로 흥미로운 발상입니다. 그렇지만 저는 세상 만물에 영혼이 깃들어 있고, 원자는 불멸한다고 생각합니다. 영혼이 몸에서 벗어나면 시체가 되고, 그 시체가 화장되어 사라진다고 해도 영혼의 원자는 남게 됩니다. 그리고 그 영혼의 원자는 다른 육체에 깃들어 다시 인간으로서 태어나게 되지요. 그렇게 생각한다면 어떤 의미에서 영혼 역시 불멸이라고 볼 수 있지 않을까요. 그러니 가까운 사람의 죽음을 너무 슬퍼할 필요는 없습니다.

레비나스

당신이 주장하는 원자론은 현대의 원자론과 공통된 부분도 많고, 고대 그리스의 자연철학 중에서도 상당히 진보적인 사고방식이라고 생각합니다. 그렇지만 영혼도 원자로 이뤄졌다는, 다시 말해 영혼까지 물질로 보는 그 말씀에는 도저히 동의할 수가 없군요. 그리고 영혼이 불멸이라는 생각도요. 영혼의 원자가 불멸이고 영혼이 전생을 반복한다면, 죽은 이의 괴로움을 떠올리며 그걸 받아들이는 것으로 의미를 추구하고, 더 나아가 자기 삶의 의미까지 되돌아보는 것이 무의미한 행위가 됩니다. 그건 유한한 생명을 가진 타인의, 그리고 자신을 포함한 인간의 존엄까지 인정하지 않는 것과 같다고 봅니다만.

데모크리토스

그렇군요. 하지만 인간이 죽음을 맞이하는 순간 즉시 체중이 몇 그램 감소한다는 20세기의 실험 결과도 있지 않습니까? 그 몇 그램이야말로 영혼이 존재한다는 증거 아닙니까?

소크라테스

자자, 거기까지……. 기원전과 20세기 철학자들의 조용하지만 뜨거운 논쟁이었습니다. 타인을 통해 자신의 존재 의미를 묻는다는 레비나스 씨의 사상은 고민 상담자가 지금 바로 마주할 만한 것이 아닐까요. 한편 영혼은 불멸이라는 데모크리토스 씨의 생각은 현대의 종교적인 부분과 맞물리는 것 같습니다. 다만, 인간의 마음이나 정신에도 물질적인 요소가 있고, 사후에도 그게 전부 사라지는 건 아니라는 해석도 할 수 있겠지요.

데모크리토스의 주장

원자는 불멸이니 죽은 사람의 영혼 원자도 불멸이다. 그러니 너무 슬퍼할 것 없다.

레비나스의 주장

세상을 떠난 사람을 계속 떠올리는 것은 남겨진 나 자신이 살아가는 의미를 묻는 것과 연결되며, 크나큰 윤리적인 의의가 있다.

● 살아 있다는 기쁨을 곱씹기 위해서는 죽음을 충분히 실감해야 한다.

알렉상드르 뒤마

● 우리는 생의 한가운데에 있고, 죽음에 둘러싸여 있다.

마틴 루터

● 한 인간의 죽음과 함께 미지의 세계가 하나씩 사라진다.

앙투안 드 생텍쥐페리

원자론

만물은 더 이상 나눌 수 없는 원자로 이루어져 있다는 생각이다.

선진적이었던 원자론

그리스 철학자들이 생각한 만물의 근원(아르케arche)은 다양하다. 그중 하나가 원자였다.

불

헤라클레이토스

원자

바로 이거야!

레우키포스

흙, 물, 불, 공기

엠페도클레스

근대적 원자론과의 차이

- 원자는 영원불멸!
- 영혼도 원자로 구성되어 있다는 생각.

사람이 죽어도…

영혼의 원자는 불멸

다른 몸에 들어가 다시 태어난다!

원자론은 저의 스승이신 레우키포스가 주창하여, 그 후에 에피쿠로스가 이어받았습니다. 2000년 이상의 세월이 지난 후에 이 주장이 옳았음이 어느 정도 증명되다니, 다시 봐도 대단하다는 생각이 드는데요…?

레비나스의 생각

일리야로부터의 해방

죽은 사람까지 포함하여 타인을 이해하려고 노력함으로써
'그저 존재하기만 하는 음산한 세계(일리야ilya)'에서 해방된다는 생각이다.

나치 수용소에서 살아 돌아온 레비나스

가족과 친구가
모두 죽었어……

모든 걸 다 잃었는데도
세상은 그저 무서울 정
도로 그 자리에 존재해.
삶에는 대체 무슨 의미
가 있을까…?

자신과 다른 타인을 이해한다

이제부터
태어날 사람

지금 사는
사람

죽은 사람

세상을 떠난 사람들도
모두 나와 다른 타인이다.

그들을 이해하려는 행위는
죽은 사람들의 몫까지 살아가라는
뜻과 이어지는 게 아닐까…?

일리야는 자신이 자신의 존재를 고집하기에 태어나는 것입니다.
저에게 있어 타인을 만나고 이해하는 것은 윤리 그 자체라고 할 수 있습니다.

죽음의 두려움을 없앨 수 있을까?

고민 내용

상담자

죽는 게 무서워요. 내 존재가 완전히 사라진다고 생각해도 싫고, 저세상이 있다고 해도 지옥에 떨어질 수도 있다고 생각하니 너무너무 무서워요. 이 두려움을 없앨 수 있을까요?

어떤 사람이든 영원히 살 수는 없습니다. 반드시 죽음이라는 끝이 찾아오니까요. 살아가면서 이 공포에서 벗어날 방법이 있을까요? 30대에 세상을 떠난 파스칼 씨와 80세까지 살았던 석가모니 씨의 말씀을 들어보겠습니다.

찬반 토론 철학자

네

아니오

VS

석가모니

釋迦牟尼 (기원전 565년경~기원전 486년경)
*여러 설이 있음

현재의 네팔 남부 왕족으로 태어났으나 출가. 고행 끝에 35세에 깨달음을 얻고, 각지에 가르침을 설파했다.

블레즈 파스칼

Blaise Pascal (1623~1662)

프랑스의 철학자, 수학자, 물리학자. 사후에 유고집으로서 남은 유일한 저서 《팡세》가 간행되었다.

석가모니

우선 이 세상의 진정한 모습에 대해 생각해 봅시다. 이 세상의 모든 것은 '무상無常'이며, 늘 소멸과 변화를 반복하고 있습니다. 그건 인간도 마찬가지입니다. 그게 이 세상의 규칙이므로 죽음을 두려워하는 건 아무런 의미도 없습니다. 무상한 이 세상과 자신의 생에 대한 집착을 버리고 마음의 평안, 다시 말해 '열반'의 경지에 드는 것이 중요합니다.

파스칼

과연 그럴까요? 인간은 이 대우주 속에서 한없이 작고 무력한 존재이지만, 생각할 수 있다는 점에서 실로 위대한 존재입니다. 한편, 인간이 죽으면 어떻게 될지는 누구도 알 수 없지요. 인간이 왜 태어나서, 무엇을 위해 살고, 죽으면 어떻게 되는지는 모르지만, 누구나 반드시 죽는다는 것만은 알지 않습니까? 그러니 죽음을 두려워하는 것이 당연하지요.

석가모니

그런 두려움에 사로잡힌 생활은 행복과는 거리가 멀지 않습니까? 괴로움의 근원은 집착에 있습니다. 저는 이것을 '번뇌'라고 부르는데, 그중에서도 자기 자신의 생에 대한 집착을 버리는 게 가장 어렵습니다. 하지만 이 세상에 영원불멸한 실체는 없습니다. 그러니 세상이 돌아가는 '제법무아諸法無我'를 직시해야 합니다.

파스칼

제법무아라고요?

석가모니

네, 지금 있는 나 자신도, 친구도, 세계도 모두 실체가 없습니다. 모든 것은 '인연', 다시 말해 관계성을 통해 성립되어 있고 우리는 모두 그 그림자에 불과하지요. 그렇게 생각해서 집착하지 않으면 번뇌는 사라지고, 열반의 경지에 이르게 됩니다.

파스칼

그 말씀은 맞습니다. 집착에 사로잡히면 불행해지지요. 그러나 저는 나 자신을 향한 집착이 사람을 불행하게 만든다고 봅니다. 자신이 아니라 신과 함께 살아갈 때 인간은 비로소 행복해지는 게 아닐까요? 다시 말해서 원죄를 짊어지고 태어나는 인간은 본래부터 비참한 존재지만, 신앙을 통해 구원받는다고 생각합니다. 인간은 신앙에 의해 자신의 비참함을 다시 돌아보면서 동시에 지상의 모든 질서를 초월한 초자연적인 신의 사랑을 깨닫게 되지요.

석가모니

그렇군요. 저는 인생의 모든 것이 괴로움이니 자기 마음대로 되지 않는 것도 자명한 일이라고 생각합니다. 이걸 저는 '일체개고一切皆苦'라고 부르지요. 그것은 이 세상의 모든 것이 무상하다는 걸 미처 알지 못하고, 사로잡히는 데에서 발생합니다. '어설픈 생각은 안 하느니만 못하다'라는 말도 있지 않습니까? 저도 이십 대까지는 생로병사에 대해 크게 고민했고, 그게 출가의 계기가 됐습니다.

파스칼

인간에게는 두툼한 털가죽도, 날카로운 발톱이나 송곳니도 없어서, 원래의 자연에서는 가장 약한 존재입니다. 그러나 인간은 자신이 죽는 운명임을 알고 있는 동시에 생각하는 존재입니다. 인간의 존엄은 생각에 있으니까요. 생각하고 나아가기에 이 세상이 비참하더라도 더 좋은 삶을 꿈꿀 수 있지 않겠습니까.

석가모니

물론 저도 생각 자체가 나쁘다고 말하려는 게 아닙니다. 열반의 경지에 이르려면 '팔정도八正道'라고 하여 여덟 개의 올바른 수행법을 거쳐야 합니다. 그중에서 '정사유正思惟' 즉, 올바른 생각을 행하는 것이 있지요. 다만 저는 이 세상의 모든 것이 무상하다는 사실을 모른 채, 생로병사에 대해 고뇌하는 건 고통스러울 뿐이라고 말하고 싶은 겁니다.

파스칼

그렇다면 제 생각도 그저 괜한 고민이 아니라 올바른 생각이면 좋겠군요. 죽음이 두렵지만 그래도 인간은 자기 자신에 대해 생각할 수 있기에, 상담자도 죽음을 인식하며 더욱 지금에 충실해서 살아가면 되지 않을까 싶습니다.

소크라테스

어느 정도 정리가 된 것 같군요. 우리 모두가 석가모니 씨처럼 초월적인 경지에 이르는 건 쉽지 않을 겁니다. 상담자는 죽음이 너무나 무섭다고 하니 마찬가지로 죽음에 대한 두려움을 가진 파스칼 씨의 말은 와닿는 게 있지 않았을까요?

파스칼의 주장

죽음은 당연히 무섭다. 그렇기에 더욱 잘 살아야 한다는 동기가 되기도 한다. 그런 것을 생각할 수 있는 건 오직 인간뿐이다.

석가모니의 주장

이 세상의 무상함을 깨닫고, 번뇌를 버려 열반의 경지에 이르면 죽음의 공포도 자연스럽게 사라진다.

● 죽음을 원하지 않는 자는 삶도 원할 수 없다.

루키우스 안나이우스 세네카

● 살아가기 위한 유일한 방법은 자신이 언젠가 죽는다는 사실을 잊지 않는 것이다.

서머싯 몸

● 죽음의 공포를 느끼는 것은 그 사람이 아직 살면서 꼭 해야 할 일을 하지 않기 때문이다.

무샤노코지

인간은 생각하는 갈대다

인간은 무력하지만 자신의 무력함과 비참함에 대해 생각할 수 있다.
그 점에서 인간은 위대하다는 생각이다.

이 우주의 침묵이 나를 두렵게 만든다

대우주 속에서 인간은 자신이 어디서 왔는지, 어디로 가는지 모른다.

크나큰 우주에 비해 인간은
너무나도 작구나…….

인간은 중간자적 존재다

인간은 비참함과 위대함의 중간에서 흔들린다.

인간은
무에 가깝다.

인간은
생각할 수 있다.

우주는 아무것도 모른다

그러나 나는 내가
죽는다는 걸 안다!

인간은 비참한 존재지만, 생각할 수 있는 위대한 존재이기도 합니다.
원죄를 짊어지는 우리 인간은 그 비참함을 자각하는 동시에 신앙에 의해 구원받을 수 있지요.

사법인四法印

불교의 기본적인 네 가지 개념. 제행무상諸行無常, 제법무아, 일체개고,
열반적정涅槃寂靜을 가리킨다.

제행무상

이 세상 모든 존재는 항상 변화하며, 생성과 소멸을
반복한다.

제법무아

존재하는 모든 것에 실체는
없고 그 어떤 것이라도 고
정적으로 생각하지 말아야
한다.

이건 꼭 가지고
있어야지.

모든 집착은
괴로움만
낳습니다.

일체개고

인생은 모두 자기 뜻대로 되지 않고, 모든 것이 생
로병사의 괴로움일 뿐이다.

늘는다
......

질병이
......

열반적정

자기 자신이나 어떤 것에 집착하는 마
음을 버리고 마음의 절대적인 평온의
경지(열반)를 실현하는 것.

모든 것은 영원불멸하지 않습니다. 작디작은 존재인 인간은 더더욱 그렇지요.
죽음을 두려워하는 것도 집착에 불과합니다. 저와 함께 열반의 경지를 목표로 하지 않겠습니까?

하기 싫은 일은 피해도 될까?

고민 내용

상담자

일도 너무 힘들고 개인적으로도 좋은 일이 별로 없어서 스트레스가 너무 커요. 싫은 일로부터 도망가고 싶다는 생각만 들어요. 그냥 다 버리고 도망쳐도 될까요?

예부터 인간은 수많은 고통을 느껴왔고, 문명이 발달한 현대인들도 그런 스트레스에서는 자유롭지 않은 것 같습니다. 그럼 이 스트레스, 다시 말해 싫은 일에서 도망쳐도 될까요?

찬반 토론 철학자

 네

아니오

VS

에피쿠로스
Epicouros (기원전 341년경~기원전 270년경)

고대 그리스의 철학자. 데모크리토스의 원자론을 공부하고, 현실의 번잡함에서 벗어난 '쾌락'에 인생을 투자해야 한다고 주장했다.

칼 야스퍼스
Karl Jaspers (1883~1969)

독일의 철학자, 정신병리학자, 정치논평가. 죽음이나 병 등 인간이 거스를 수 없는 '한계상황'을 사색. 주요 저서로는 《철학》이 있다.

120

야스퍼스

인생에는 죽음, 고뇌, 투쟁 그리고 죄책감과 죄라는 큰 장벽이 나타날 때가 있습니다. 저는 그런 것을 '한계상황'이라고 부릅니다. 상담자는 지금 바로 그런 한계상황에 처해 있다고 봐도 되겠지요. 그러나 한계상황에서의 좌절을 통해 자신의 존재 또한 명확해집니다.

에피쿠로스

호오, 그게 무슨 뜻이지요?

야스퍼스

쉽게 말해서 좌절을 어떻게 경험하는가에 따라 그 사람이 어떤 인간이 될지 결정된다는 뜻입니다. 한계상황 속에서 설령 절망한다고 해도 인간은 그에 의해 성장도 가능하다는 걸 알게 됩니다. 인간은 자신이 어찌할 도리가 없는 상황에서 자신의 유한성을 깨닫습니다. 그렇게 하여 처음으로 세상을 포용하거나 타인과 진실로 관계를 맺어나갈 수 있는 존재로 성장하는 것이지요.

에피쿠로스

뭐가 그렇게 복잡합니까? 저는 그런 답답한 것은 사양입니다. 저한테는 쾌락이야말로 최고의 선. 인생의 목표는 쾌락 이외에 아무것도 없다고요.

야스퍼스

그럼 기분만 좋으면 다른 건 상관없다 이겁니까?

에피쿠로스

쾌락만을 좇고, 사치를 부리는 게 선이라고 말하는 게 아닙니다. 욕망을 제한 없이 추구하라는 것이 아니라 고통을 최대한 없애면서, 최소한의 것만으로 충족하며 평온한 삶을 즐기자는 뜻이지요.

한계상황 중의 하나인 고뇌에서 벗어나자는 겁니까? 하지만 좌절을 경험하지 않으면 그걸 극복할 기회도 얻지 못하게 될 텐데요. 전 그런 인생이 의미 없다고 봅니다.

답답한 소리를 하시는군요. 저는 당신이 한계상황 중 하나로 보고 있는 죽음도 그리 심각하게 생각하지는 않습니다. 인간이 살아 있는 중에 그는 아직 죽지 않았고, 죽음을 맞이했을 때 이미 그는 존재하지 않아요. 죽음에 의해 영혼의 원자가 분해되어 버리면 아무 감각도 느낄 수 없게 되니 죽음에는 고통도 그 이상의 무엇도 없지요. 괜히 죽음을 두려워할 것 없다 이겁니다.

아니, 정말로 그렇게 생각하십니까? 인생을 깊이 돌아보면, 누구나 죽음의 공포나 다툼, 여러 고뇌에 직면할 수밖에 없어요. 그런 상황에서 살아가는 자신을 직시하는 것만이 진실한 나를 발견하는 길이 아닐까요? 제가 보기에 당신의 주장은 도피로밖에 안 보입니다만. 그런 삶으로는 책임도, 반성도 이끌어낼 수 없습니다.

그러니까 투쟁이나 고뇌의 근원이 되는 것으로부터 철저히 멀어지라는 겁니다. 저는 싸움에 휘말리는 게 싫어서 정치에 발을 들이지 않았고, 복잡한 인간관계에서 오는 고통을 피하고 싶어서 도시에서 떠나 전원 속에서 마음이 맞는 사람들과 조용히 살았습니다. 번잡한 게 싫으니까요. 물론 그런 저의 결정에 따른 책임은 받아들일 것이고, 그게 설령 도피라고 해도 대체 뭐가 문제라는 겁니까?

야스퍼스

제가 보기에 그건 진정한 자기 현실에서 멀어지는 것이고…….

에피쿠로스

당신은 굳이 스스로를 괴로움 속에 뛰어들게 만드는 게 실존이라고 말씀하고 싶으신 겁니까? 고뇌를 없애고 영혼의 평정을 얻을 수 있다면 그게 더 좋은 게 아닙니까? 마음이 평온한 상태에서 인생을 즐기는 것이 진정한 선이고, 행복이라고 생각합니다.

소크라테스

에피쿠로스 씨는 철저한 쾌락 추구자군요. 하지만 복잡한 일에서 벗어나고자 일부러 시골에 가서 살아도, 그 역시 여러 대가를 동반했을 것으로 보입니다. 모두가 그런 방식으로 고통에서 벗어나지 못하기에, 한계상황을 직시하고 자기의 유한성을 깨달으면서 성장하려 하는 야스퍼스 씨의 사상 역시 긍정적으로 살펴봐야 할 필요가 있지 않을까요?

야스퍼스의 주장

인생의 큰 장벽인 '한계상황'에서 좌절을 어떻게 극복하는지가 바로 자신의 실존을 입증하는 길이다.

에피쿠로스의 주장

고뇌에서는 무조건 벗어나는 게 좋다. 최소한의 욕구를 채우고 그에 따른 쾌락을 향유하자!

● 괴로워서 도망가는 것이 아니다. 도망가니까 괴로운 것이다.

윌리엄 제임스

● 도망친 자는 다시 한번 싸울 수 있다.

데모스테네스

● 인격은 고난 속에서만 가늠할 수 있다.

넬슨 만델라

한계상황

죽음, 고뇌, 싸움, 죄 같은 인간에게 있어 인생의 벽이 되는 상황을 의미한다.

유한성 인간은 한계상황에 직면하고 나서야 자신의 유한성을 깨닫는다.

이게 내 한계구나…….

좌절을 어떻게 경험하고,
어떻게 극복할지가
중요합니다.

초월자 한계상황에 직면한 인간은 자신의 유한성을 자각함으로써 현실 세계를 뛰어넘은 초월자(로서의 신)를 만나 성장한다.

그리고 현실 세계를
초월한 저 너머에 있는
건 초월자(신)…….

한계는 있었지만
그게 바로 나야!

한계상황에 직면해야 비로소 처음으로 이 세계에서 절망하는 것이
가능함이 명확히 드러나게 됩니다. 좌절이나 절망이 있기에 자신의 유한성을 자각하여
자기 삶의 방식에도 자각적인 태도를 취할 수 있게 되지요.

쾌락주의

정신적 쾌락이야말로 인생의 목표이며 최고의 선이라는 생각이다.

에피쿠로스의 정원

아테네 교외의 전원 지대에 에피쿠로스가 연 학원. 도시의 번잡함에서 벗어나 '숨어서 살자'를 모토로 삼았다.

에피쿠로스의 정원

죽음은 원자로 분해되는 것뿐이니 무섭지 않다!

정치에는 얽히고 싶지 않아!

쾌락주의

참고로 제 생각은 정신적인 쾌락주의지, 욕망을 다 드러내고 사는 삶과는 다릅니다.

• 굶주리지 않을 정도로 최소한의 음식만 있으면 된다.
• 육체적인 고통이 없는 것이 무엇보다 중요하다.
　…따라서 생활이 매우 소박하다.

정신의 불안이나 두려움이 없는 것이 매우 중요합니다.
따라서 마음에 불안만 가져다주는 스트레스에서 도망쳐도 괜찮지 않을까요?
동물 중에도 맞서기보다 도망치는 게 더 많지 않습니까?

꼭 진취적으로 살아야 할까?

상담자

저는 뭐든 돌아보는 성격이에요. 그때 이렇게 했으면 어떨까? 그렇게 하지 않으면 어땠을까? 지나간 일을 가지고 끙끙 거릴 때가 많아요. 하지만 꼭 모두가 그렇게 진취적으로 앞만 보고 살아야 할까요?

자꾸만 지나간 일을 되새기며 힘들어하는 사람이 있지요. 하지만 반드시 진취적으로 앞만 바라보며 사는 것이 정답일까요? 여기에 르네상스를 대표하는 프랑스 철학자 몽테뉴 씨와 독일의 실존주의자 니체 씨의 논쟁을 살펴봅시다.

찬반 토론 철학자

네

VS

아니오

프리드리히 니체
Friedrich Nietzsche (1844~1900)

독일의 철학자. '신은 죽었다'라는 말로 대표되는 것처럼 그리스도의 도덕을 부정했다. 주된 저서로는 《선악의 저편》이 있다.

미셸 드 몽테뉴
Michel de Montaigne (1533~1592)

프랑스의 도덕가. 인간이 진리에 도달할 수는 없으나 항상 의심을 가지고 진리를 탐구해야 한다는 회의주의를 주장했다.

니체

우선 상담자에게 단언해 말씀드리지요. 이 세상에는 아무런 의미도, 목적도 없습니다. 세상의 모든 일은 아무런 의미도 없이 반복하는 원환 운동을 하고 있지요. 저는 이걸 '영겁회귀'라고 부르는데, 인간의 삶과 마찬가지로 기쁨이나 고뇌 등의 감정도 그저 영원히 회귀한다는 겁니다. 그러니 내가 지금 행하는 것도 영원히 회귀한다는 점을 의식하세요. 이렇게 골치 아프고 무의미한 세상 속에서는 '왜 사는가?'를 생각하기 이전에 '어떻게 살아갈 것인가?'가 더 중요하니까요.

몽테뉴

과연 세상을 그렇게 단정적으로 논하는 게 가능할까요? 인간의 이성은 불완전합니다. 그리고 제가 보기에 세계는 항상 변화를 반복하는 유동적인 곳입니다. 따라서 저는 인간이 진정으로 불변의 진리를 깨닫는 건 매우 어려운 일이라고 생각합니다. 저는 '도덕적 성찰'로서 시선을 늘 내면으로 향하게 하고, 스스로의 이성을 의심하면서 포기하지 않고 진리를 탐구했습니다. 그러니 불완전한 이성을 자각하면서 '내가 무엇을 알고 있는가?'라는 점을 항상 되묻는 동시에, 과거를 되짚어 보는 것도 필요하지 않을까요?

니체

흐음, 그런 태도는 겸허한 것이라고 볼 수도 있지요. 그러나 그리스도교 도덕으로 여겨지는 겸허함이나 평화, 박애와 같은 것은, 고대의 강력한 지배자나 권력자들의 용감함과 고귀함을 부정하고 그런 강자에 대한 반감과 질투로 약자의 입장을 정당화하려는, 그러니까 노예의 도덕이 아닙니까? 당신은 꾸준한 진리 탐구라고 하지만, 저는 그런 태도가 운명에 그저 종속된 삶으로 보이는군요.

몽테뉴

저는 당신의 태도에 관용이 부족하고 독단에 빠질 위험성이 있다고 생각합니다.

니체

제가 목표로 하는 것은 그저 주체적인 삶입니다. 당신은 인간의 불완전한 이성으로는 세계의 진리를 깨달을 수 없다고 하시는데, 그럼 당신은 그러한 운명을 사랑할 수 있겠습니까? 저는 제 운명을 사랑하고 그걸 이겨냄으로써 제 운명의 모든 것을 긍정하고 싶습니다. 스스로 새로운 가치를 창조하고 나를 뛰어넘어 성장하는 '초인超人'으로서 진정한 주체적 삶을 살아나가려는 것뿐입니다.

몽테뉴

그럼에도 저는 당신의 생각이 다소 편협하게 느껴집니다. 당신은 그리스도교의 도덕을 부정하고, 고대 지배자가 가진 강력한 힘을 찬양하는 것 같은데, 힘을 갈구하는 것은 관용을 잃고 중용에서 멀어지기 일쑤지요. 그러한 태도가 최종적으로 가지고 오는 게 처참한 전쟁임을 제 인생 속에서 몇 번이나 목격했습니다.

니체

힘에 대한 갈구를 전쟁과 결부시키다니! 그런 단락적인 주장은 하시지 않는 게 좋겠군요. 고대의 고귀한 지배자들에게는 힘이 있었지만, 덕이 동반되어 반드시 전쟁으로 귀결되지는 않았습니다. 태어나는 모든 생명에는 선천적으로 '힘에 대한 의지'가 있지요. '쾌快'의 감정이란, 자신의 힘이 이전보다 커진 것을 자각함으로써 드러나는 감정입니다. 항상 더욱 강해지려는 의욕이야말로 인간을 비롯하여 모든 생물을 살아가게 하는 것이지요.

몽테뉴
그런 식으로 진리를 절대화하려는 태도로 인한 결말이 바로 전쟁 아닙니까? 힘의 추구에는 위험이 따르기 마련입니다. 저는 진리에 도달했다는 거만한 자세가 아니라 진리에 도달하려고 자기 성찰을 하는 '나는 무엇을 아는가Que sais-je?'의 겸허한 자세로 살아가는 것이 중요하다고 생각합니다.

니체
아아… '진취적인 삶'이 주제였지요. 어쨌든 저는 당신의 주장이 퇴영적으로 느껴집니다.

몽테뉴
실례지만 저 또한 당신의 위험한 진취적 태도와 그리스도교 도덕에 대한 부정을 도저히 받아들이기 힘듭니다만……

소크라테스
자, 그리스도교 도덕에 기초한 도덕가의 대표 격인 몽테뉴 씨와 '신은 죽었다'며 반그리스도를 주장한 니체 씨. '신'과 '나 자신' 중 어느 쪽을 믿을 것인가? 여러분은 어떻게 생각하십니까?

몽테뉴의 주장

인간의 불완전한 이성으로 진리를 깨닫는 건 어렵다. 자신의
내면에 눈을 돌리고 성찰하는 태도가 필요하지 않을까?

니체의 주장

'왜 사는가?'가 아니라 '어떻게 살아갈 것인가?'. 주체적인 삶
을 의식해야 한다.

● 낙관이란 얼굴은 항상 태양을 향하고, 발은 항상 앞으로 내딛는 것이다.

만델라

● 낙관적인 사람이 돼라. 과거를 후회하지도 말고, 미래를 불안해하지도 말고, 지금 현재의 여기만 보아라.

알프레드 아들러

● 낙관주의자는 언제나 파란불밖에 보지 못한다. 비관주의자에게는 빨간불밖에 보이지 않는다. 정말 현명한 사람은 색맹이다.

슈바이처

나는 무엇을 아는가

인간은 항상 진리를 탐구하므로 그때그때의 이성을 늘 의심하고,
더욱 깊은 진리를 추구하자는 생각이다.

나는 무엇을 아는가

몽테뉴의 저서 《에세》에 남겨진 그의 모토로,
그의 회의주의를 드러내는 단어.

진리에 도달하려는 겸허한
자세가 제일 행복한 것!

진리에 도달할 수 없는
'절망'이나 진리에 도달했다는
'오만'에 빠지지 마라!

신교와 구교의 대립에 대해

원래는 같은 그리스도교 아닌가!
그 싸움에 무슨 의미가 있지?

회의론

진리를 찾아내기는 어렵지만,
찾을 수 없다고 단정 짓지는 말자!

무엇이든 단정하기는
이르다!

제가 살았던 시대는 종교 전쟁이 끊이지 않았습니다.
같은 그리스도교 교도끼리 전쟁을 하다니 말도 안 되는 일이지요! 진리를 단정하지 말고
서로 찾으려 노력하면 좀 더 너그러운 마음으로 살 수 있을 텐데……

초인

근원적 생명력으로 지금까지의 나 자신을 초월하여 신의 지배를 받지 않고,
인생의 의미나 가치를 스스로 창조하자는 생각이다.

영겁회귀 니체는 '세상은 의미, 목적도 없이 그저 영원히
반복하는 원환 운동이다'라고 생각했다.

기쁨도, 괴로움도
계속 돌고 돈다.

그것에는 아무런
의미도 없다.

지금 이 순간의 행위도 영원히 회귀하는
것입니다. 그렇다면 그걸 의식하지 말고
지금 행동부터 해야 해요!

초인 세계의 무의미한 반복을 버텨내 매 순간 자기 긍정을 하고,
인생의 의미나 목적을 스스로 창조하여 힘차게 살아가는 인간상.

이 인생 모두를 긍정해야
해! 이게 바로 내 인생.
잘 가라, 반복이여!

아무리 힘들어도
내 운명을 받아들이며
긍정적으로 살아가야 해!

저는 결국 44세에 정신 붕괴에 이르러 그 상태로 10년 후에 세상을 떠났지만,
아무리 가혹한 환경이라도 받아들이고 최선을 다해 살아가려 했다는 것만큼은
꼭 기억해 주길 바랍니다……

아무도 내 마음을 알아주지 않을 때, 방법이 있을까?

상담자

주변 사람에게 내 마음을 이야기해 봐도 누구도 제대로 이해하지 못하는 것 같습니다. 내 마음은 정말 나 말고 아무도 이해할 수 없는 걸까요…? 나를 이해받으려면 어떻게 해야 할까요?

나 자신과 똑같은 사람은 이 세상에 존재하지 않습니다. 그렇다고 해서 남들과 마음을 나눌 수 없다고 결론지어도 되는 걸까요? 미국의 근대 철학자인 제임스 씨와 가톨릭 수도사인 성 프란치스코 씨의 의견을 들어보도록 합시다.

찬반 토론 철학자

네

VS

아니오

성 프란치스코
Francis (1182~1226)

이탈리아 아시시의 성직자. 수도회인 프란치스코회를 설립했다. 가난한 그리스도를 본받아 살 것을 설파했다.

윌리엄 제임스
William James (1842~1910)

미국의 철학자, 심리학자. 실용주의의 대표적 존재다. 니시다 기타로나 나쓰메 소세키에도 영향을 주었다.

윌리엄 제임스

제가 보급에 힘썼던 실용주의는 여러 가치를 두고 그게 유용한 것인지 살피는 입장입니다. 상담자의 고민은 남이 내 마음을 이해하게 할 수 있을까에 대한 것이었지요? 제가 보기에는 이 고민도 도움이 되는지 아닌지, 실용적인지 아닌지에 비춰 보면 답이 보일 것 같습니다. 자, 고민을 털어놓았을 때 그에 대해 상대가 무익한 대답만 내놓는다면 별 의미도 없고, 유익한 대답을 얻는다면 가치가 있다는 뜻이지요. '당신에게 유용한 것이 진리'라는 겁니다.

성 프란치스코

그럼 묻겠는데, 유용한 답을 주지 않는 사람이라면 나에게 가치가 없다는 뜻인가요?

윌리엄 제임스

단적으로 말하자면 그렇지요. 이 경우 고민에 대해 유용한 답을 주는 사람이라면 내 마음을 공감하고 이해하고 있다는 뜻이겠고, 그렇지 않으면 내가 하는 말이나 마음을 이해하지 못하고 있다는 뜻이겠지요. 그리고 내 마음을 이해하지 못하는 상대는 유용한 조언을 주지 않을 테니 나에게 가치가 없는 사람인 셈입니다.

성 프란치스코

다소 유감스러운 말씀이군요. 20세기에 들어 만들어졌다는 〈평화를 위한 기도〉는 제 생각을 누군가가 시처럼 아름다운 기도문으로 옮겨준 것인데, 거기서 인용해 보자면 '이해받기보다는 이해하며'라는 말이 있습니다. 타인이 나의 마음을 이해해 줄 것인가 보다는, 먼저 자신이 타인의 마음을 이해하려는 노력을 하는 것이 신의 뜻에 부합하지 않겠습니까?

윌리엄 제임스

그렇군요. 그것도 나름의 유용성이 있는 것이라면 진리겠지요. 타인의 마음을 이해하는 것, 혹은 이해하려고 노력하는 행위에 만약 어떤 유용성이나 실용성이 있다면 그것 역시 가치가 있을 겁니다.

성 프란치스코

저는 유용한 것에만 선과 미美가 있다고 생각하지 않습니다. 예수는 이웃을 사랑하라고 하셨지요. 그건 무조건적 사랑의 정신에 기초한 것이라 봐야 합니다.

윌리엄 제임스

그리스도교에서 말하는 이웃애 말씀이로군요. 그것도 실용주의로 따져보자면, 그 말씀대로 이웃과는 친하게 지내야 하는 게 맞습니다. 실제로 인접한 이웃끼리 사이가 안 좋으면 좋을 게 없으니까요. 즉, 이웃과 원만히 지내는 것이 여러모로 자신에게도 이익이기 때문입니다.

성 프란치스코

화합과 평화가 단지 그러한 것일까요? 저는 제가 뭔가를 받게 된다면 그 이유가 저 자신이 어떤 것을 '부여했기' 때문이라고 믿습니다. 그리고 만약 내가 얻는 게 없다고 하더라도 괜찮습니다. 저는 무엇을 얻기 위해 뭔가를 준 게 아니니까요. 저는 주님의 가르침에 따라 미움이 있는 곳에도 사랑으로 대하고, 다툼에도 용서를 가져다주고 싶습니다.

윌리엄 제임스

물론 거기에도 큰 의미가 있겠지요. 제가 보기에는 신에 대한 귀의나 신앙도 결국은 그 사람의 생활에 행복과 만족을 가져다주기 위한 수단입니다. 그 사람이 신앙에 의해 행복과 만족을 느끼는 한 그가 가진 신앙은 진리라고 인정받아야 할 것입니다. 그렇다면 당신의 신앙도 진리일 거고요.

성 프란치스코

그러니까, 당신은 신앙도 유용하니까 존재한다고 생각하시는 겁니까? 물론 제가 신앙으로 행복을 느끼는 건 사실입니다. 저는 신앙에 의해 살아왔으니까요. 제가 가진 모든 것은 신이 주신 것이며, 그게 없으면 작디작은 존재인 저에게는 아무것도 남지 않습니다. 제임스 씨에게도 부디 신의 축복이 있길… 기도하겠습니다.

소크라테스

… 네, 듣고 있자니 제임스 씨가 프란치스코 씨의 주장을 '논파'하려고 애쓰는 느낌을 지울 수 없었습니다. 하지만 '먼저 이해하려는' 태도가 '이해받는' 것으로 이어지는 게 아닐까요?

윌리엄 제임스의 주장

유용한 것이 진리다. 유용한 답을 주지 않는 상대에게는 굳이 자신의 마음을 이해시키려 애쓸 필요가 없다.

성 프란치스코의 주장

'이해받는 것'보다 '이해하려는 것'이 더 중요하지 않을까?

● 인간은 자기 자신과 타협하는 만큼만 남들과 타협한다.

폴 발레리

● 인간은 자신이 이해할 수 없는 것은 부정하려 한다.

파스칼

● 인간이 서로를 속이지 않는다면 오랫동안 사귈 수 없을 것이다.

프랑수아 드 라 로슈푸코

진리의 유용성

진리란 절대적인 것이 아니라 인생에서 무엇이 유용한가로 정해진다는 생각이다.

진리라면 유용하고, 유용하면 진리

올바름 ↔ 잘못

선 ↔ 악

아름다움 ↔ 추함

가설 ↔ 검증

이런 것들도 모두
유용한지 아닌지로
결정됩니다.

가설이 올바른지도
실험이나 행동으로 검증하고
유용하면 올바르다는
뜻이 되지요.

실용주의 pragmatism

자본주의가 진전되며 공업 생산이
증대한 미국에서 등장했다.

관념은 행동의 결과로
명확히 드러나지!

종교도 그 사람에게
유용하면 진리!

학문이나 지식은
도움이 되는 도구!

찰스 샌더슨 퍼스　　　　　　　　　존 듀이

실용주의 사고방식은 경제성장이 활발했던 시절의 미국에서 나온, 실용성을 중시한 철학인데
21세기에도 충분히 유효… 아니, 유용하다고 생각합니다!

작은 자

신의 아들인 예수가 인간으로 산 생을 본받아 겸허히 살자는 생각이다.

스스로를 낮추는 삶

신의 아들인 예수는
인간으로서 십자가에 걸려
우리의 죄를 대신
받아주셨습니다.
우리도 작은 자로서 겸허히
살아가야 합니다.

작은형제회

성 프란치스코의 수도회.

겸허하게

형제로서

가난하게

신과
사람들 위해
봉사합시다.

청빈

이슬람의 술탄을 만나다

당시 이슬람교도는 그리스도교의 십자군과
싸우던 중이었다.

우리에게 다가오면 죽을지도
모르는데 이 남자의 마음은
진심이구나!

전쟁은 잘못된
것입니다. 부디
예수의 가르침을
들어주세요.

하지만 병사들이 그리스도교로
개종하면 큰일이야.
그냥, 정중히 대우해서
그대로 돌려보내자…….

제가 살았던 13세기에는 그리스도교와 이슬람교의 전쟁이 이어졌고,
대화를 통해 평화를 이룩하자는 생각은 하기 힘들었던 시대였습니다.
하지만 그럼에도 저는 한결같이 평화를 원했습니다.

더 알고 싶은
철학자 도감 07

지그문트 프로이트

Sigmund Freud
(1856~1939)

오스트리아의 정신의학자. 정신분석학의 창시자로서 잘 알려져 있다. 프라이베르크의 유대인 가정에서 태어나 신경증 치료를 하던 중에 성 욕구를 중심으로 하는 '정신분석학'을 제창했다. 주요 저서로는 《정신분석 입문》, 《꿈의 해석》 등이 있다.

30세에 빈에서 정신과 개업의가 된 프로이트는 신경증을 치료하던 중 인간의 무의식 속에 억압된 성적 욕구(리비도)가 신경증의 원인이 된다고 생각하게 됐다. 그래서 프로이트는 억압된 성적 충동을 명확히 의식화하여, 욕구를 자아 기능에 의해 적절히 조절하는 것으로 신경증을 치료하려 했다. 프로이트에게 융이나 아들러 같은 연구자가 모여들면서 정신분석학은 세계적으로 평가받게 된다.

더 알고 싶은

철학자 도감 08

칼 구스타프 융

Carl Gustav Jung
(1875~1961)

스위스의 심리학자, 정신분석학자. 프로이트와 함께 연구하며 국제정신분석학회를 설립했다. 후에 프로이트를 떠나 '집합적 무의식'의 존재를 주장하며 '분석심리학'을 확립했다. 주요 저서로는 《자아와 무의식의 관계 Die Beziehungen zwischen dem Ich und dem Unbewußten》, 《심리학과 연금술》 등이 있다.

융은 인간의 꿈이나 망상에는 몇 가지 패턴이 있으며, 거기에 신화나 전설 등의 공통성이 있다는 점에 착안하여 인간의 무의식에는 '개인적 무의식'과는 별도로 인류 공통의, 유전적으로 전해지는 '집합적 무의식'이 존재한다고 생각했다. 융은 이 두 가지 무의식을 포함하는 인간 마음의 전체상을 밝히려 했고 분석심리학의 창시자가 됐다. 융은 인간의 성격을 크게 '외향성'과 '내향성'으로 분류한 것으로도 잘 알려져 있다.

더 알고 싶은
철학자 도감 09

알프레드 아들러

Alfred Adler
(1870~1937)

오스트리아의 정신분석학자. 빈의 유대인 가정에서 태어나 융과 마찬가지로 프로이트와 공동 연구를 진행했으나 후에 결별한다. '개인 심리학'의 창시자로 잘 알려져 있고 '자기계발의 아버지'로 불리기도 한다.

아들러는 인간의 감정이나 행동이 트라우마 등의 원인으로 인해 발생한다는 프로이트의 설을 부정하고, 모든 건 원인이 아니라 목적에서 출발했다는 '목적론'을 주장했다. 또한 그는 '인간의 문제는 모두 인간관계의 문제다'라고 생각하면서, 자신의 과제와 타인의 과제를 나눠서 생각하는 '과제의 분리'를 제창해, 타인을 신경 쓰거나 바꾸려고 하는 게 아니라 자기 자신의 과제에 긍정적으로 대응하는 것이 중요하다고 역설했다.

4장

인생

모든 것은
무상합니다.
죽음조차도요.
-석가모니

VS

인간은 죽음을
인지하기에
나아갑니다.
-파스칼

미래에 대한 불안을 잠재울 수 있을까?

상담자

차별적인 사회, 코로나 사태, 지출은 늘어도 수입이 오를 길이 없으니 미래가 자꾸만 암담하게 느껴져요. 기분전환 삼아서 작은 사치를 부려보기도 하고, 그러다 다시 절약하기도 하지만, 어떻게 해도 이 불안이 사라지지 않아요.

불교에서는 삶 그 자체가 고통이라고 합니다. 하지만 그렇게 생각하면 불안은 없어질 것 같지 않습니다. 하지만 정말로 그럴까요? 그 질문에 답하는 것은 쾌락주의의 에피쿠로스 씨와 영국의 철학자 베이컨 씨입니다.

찬반 토론 철학자

네

VS

아니오

프랜시스 베이컨
Francis Bacon (1561~1626)

르네상스 후기의 영국 철학자. 인간의 지식에 따라 자연을 극복하고, 인류에게 복지를 가져와야 한다고 했다.

에피쿠로스
(기원전 341년경~기원전 270년경)

고대 그리스의 철학자. 데모크리토스의 원자론을 공부하고, 현실의 번잡함에서 벗어난 '쾌快'에 인생을 투자해야 한다고 주장했다.

에피쿠로스

월급은 오르지 않으면서 세금만 오르는 등, 인간의 심적 불안은 그런 여러 이해관계에서 오는 것이지요. 인간이 불안을 없애고 행복해지려면 계속 쾌락을 얻어야 합니다. 그러기 위해서는 번잡한 사회를 떠나, 그러한 여러 이해관계에서 멀어지면 됩니다.

베이컨

상당히 극단적이군요. 불안은 사물을 잘 알지 못해서 발생하는 것입니다. 미래에 어떤 일이 일어날지 그 누구도 알 수 없으니까요. 이를 해결하기 위해서는 경험에 기초한 올바른 지식이 필요합니다. 어째서 그런 현상이 일어나는지, 그러니까 각 사례에서 일반적 법칙을 도출해 내는 '귀납법'에 의해 인과관계를 명확히 밝힐 수 있다면 여러 가지 일에 대비할 수 있게 되어 자연스레 불안도 줄어들겠지요. '지식은 힘이다'라는 게 바로 이런 것입니다.

에피쿠로스

제가 보기엔 당신이 더 극단적으로 보이는군요. 지식을 얻는 것은 당연히 중요하지만, 지식을 얻었다고 해서 사회의 다양한 일들을 내 마음대로 할 수 있을까요? 그런 오만함을 품는 건 제가 생각하는 행복에서는 거리가 먼 것입니다. 그런 오만한 자세는 더욱 제한 없는 부의 추구로 향하게 될 뿐이지요. 사회의 번잡함을 떠나 물과 한 조각의 빵에 만족하며 '아타락시아ataraxia' 즉, 영혼의 평정을 갈구하는 삶이야말로 진정한 행복으로 이어지는 길입니다.

베이컨

그런 마음가짐으로는 진보를 이룩할 수는 없습니다. 인간은 개미처럼 모은 것을 축적하기만 하는 것도, 거미처럼 그저 자기 안에서 실을 토해내는 것도 아니라, 벌처럼 모은 것을 재료로 삼아 스스로의 힘으로 둥지를 만들어낼 줄 아는 존재입니다.

에피쿠로스

그보다 인간은 반드시 진보해야 한다는 생각이야말로 잘못된 것 아닙니까? 인간은 자족을 이해해야 합니다. 굶주리거나 얼어 죽지 않을 정도의 최소한의 충족만으로도, 몸이 건강하고 마음이 평정을 유지할 수 있다면 행복이라 인식하는 자세야말로 자연스러운 삶의 방식입니다. 거기에는 진보는 전혀 필요하지 않지요. 상담자도 우선 세간의 사소한 일에 현혹되지 마시길 바랍니다.

베이컨

이제까지의 사실이나 정보를 축적하면 그걸 활용해서 미래를 예측할 수 있지요. 예를 들어, 일기예보도 이제까지의 기상 데이터 축적을 통해 얻어낸 결과물입니다. 이렇게 경험에서 법칙을 이끌어내는 방법을 '귀납법'이라고 합니다. 저는 상담자에게 이 귀납법의 사용을 권하고 싶군요. 이를 통해 어느 정도의 미래 예측이 가능합니다. 이제까지의 경험적 사실을 냉정히 분석해서 미래를 상상해 보세요. 결코 비관적이지만은 않을 겁니다.

에피쿠로스

바로 그런 사고방식이 자연을 파괴하는 역사를 만든 게 아닙니까! 자연은 정복되어야 하는 존재가 아닙니다. 인간은 자연이 내려주는 것에 감사하고 만족하는 법을 배워야 합니다. 자연의 산물은 항상 제한이 있지만, 그런 한도가 있기에 우리는 손에 넣을 수 없는 것을 본래 필요하지 않은 것이라고 인식할 수 있지 않습니까? 제가 보기에는 현대인들의 이슈인 생태학이나 지속가능성과 같은 생각에서 당신은 가장 거리가 먼 것 같습니다만.

베이컨

저는 자연의 제약을 받아들여야 한다는 생각에는 좀처럼 동의하기 힘듭니다. 인간이 자연을 지배하고 개조하는 과정은 아직 진행 중이니 이는 앞으로 얼마든지 달라질 수 있겠지요.

에피쿠로스

인간의 행복은 자연과 미래를 지배하는 데 있지 않습니다. 마음이 어지럽지 않은 정신적 쾌락이야말로 진정한 행복이지요. 미래에 대한 불안은 그야말로 이해관계로 이뤄진 사회의 현실을 지나치게 의식한 것에서 비롯된 것 아닙니까?

베이컨

아니요, 인간은 귀납법에 따라 미래를 예측하고 냉정히 살아가야 합니다.

소크라테스

거기까지! 베이컨 씨는 인간이 자연법칙을 이해하여 자연과 미래를 지배해야 한다는 진보적인 생각을 가지고 계시군요. 한편 에피쿠로스 씨가 말씀하셨듯 미래에 대처하기 위해서는 오히려 불안을 없애는 것이 더 중요할지도 모르겠습니다.

에피쿠로스의 주장

사회의 이해에서 벗어나 많은 것을 소유하지 않는 소박한 생활 속에서 자족하는 삶이야말로 불안 없는 마음의 평정을 가져다 준다.

베이컨의 주장

인간은 '귀납법'을 활용해 자연법칙을 이해해서 어느 정도 미래를 예측할 수 있고, 생활을 풍요롭게 만드는 것도 가능하다.

● 나는 미래를 생각하는 법이 없다. 어차피 곧 닥치기 때문이다.

알베르트 아인슈타인

● 가난에 대한 두려움이 삶을 지배하게 두면, 그 대가로 먹고 살 수는 있을 것이다. 그러나 살지는 못할 것이다.

버나드 쇼

● 불안한 마음은 수풀도 곰으로 보이게 한다.

칸트

아타락시아

고통이나 번잡함이 없는 영혼의 평안한 경지를 이르는 말이다.

아우타르케이아
(자족)

최소한의 욕구 및 욕망을 채우고,
고통이나 불안이 없는 생활에 만족하는 것.

쾌락주의

아타락시아
(영혼의 평정)

> 빵과 물만
> 조금 있으면
> 돼!

> 고통이나
> 불안이 없는
> 아타락시아야말로
> 진정한 쾌락!

자연스러운 생활

관능

사치

허영

> 이런 모든 것은 부자연스러운
> 욕망으로 불필요한 것이다!

> 필요한 것은 자연에서 얻고,
> 손에 넣기 어려운 것은 필요
> 없는 것. 자연에 감사하라!

아주 적은 것만으로도 만족하며 살아가는 것이 인간의 자연스러운 모습입니다.
현대 젊은이들이 물욕에 너무 집착하지 않으려 하는 태도도 이치에 맞는 것이라 볼 수 있지요.

지식은 힘이다

경험에 기초한 지식은 자연을 지배하는 힘이 된다는 생각이다.

경험론

경험에 기초한 지식이야말로 진리다.

머릿속에서 생각만 해서는 안 된다.

귀납법

경험한 사실에서 그에 공통하는 일반적,
보편적인 법칙을 탐구하는 학문 방법.

그저께 전철 앞 차량이 비었다.	
어제 전철 앞 차량이 비었다.	따라서 전철 앞 차량이 비어 있다.
오늘 전철 앞 차량이 비었다.	

자연에 복종함으로써 정복할 수 있다

경험적인 사실 → 귀납법으로 명확해진 자연법칙

보편적인 법칙을 알면
자연을 지배할 수 있습니다.

인간이 자연을 지배하는
힘을 키우는 것이야말로
학문의 목적입니다.

우선 사물을 올바르게 인식하고, 경험에 기초하여 올바른 지식을 얻으면 올바른 대처가 가능합니다.
인생에 대해서도 그저 불안해하지 말고 지식의 힘으로 대처해야 하지요.

삶의 의미라는 게 정말 있을까?

상담자

살아 있어도 매일 슬프고 힘든 일만 있어요. 사람은 왜 사는 걸까요?
…살아가는 의미가 정말로 있긴 한가요?

앞서 본 상담자와 비슷한 고민이네요. 사람이 사는 의미… 그건 동서고금 수많
은 철학자와 사상가들의 주제였지요. '신은 죽었다'라는 말로 유명한 니체 씨와
신의 아들인 예수 씨, 두 사람의 논쟁이 시작됩니다.

찬반 토론 철학자

네

아니오

VS

예수
Jesus Christ (기원전 6년경~30년경)
*여러 설이 있음

팔레스타인 선교사. 유대교 학자의 반발로 인해
처형당했다. 그의 가르침이 제자들에 의해 전파
되어 그리스도교가 만들어졌다.

니체
(1844~1900)

독일의 철학자. '신은 죽었다'라는 말로 대표되
는 것처럼 그리스도교 도덕을 부정했다. 주된
저서로는《선악의 저편》이 있다.

니체

앞서 다른 분께도 말씀드렸지만, 살아가는 데 의미라는 건 존재하지 않습니다. 이 세상은 마치 회전목마와 같아서 영원히 같은 일이 반복됩니다(영겁회귀). 상담자도 잘 생각하셔야 합니다. 이런 의미 없는 세상에서 인간은 강인해져야 해요. 좀 더 구체적으로 말하자면 지금까지의 상식이나 가치를 모두 부정하고 새로운 세상을 창조해야 해요. 감히 말하건대, 신이 있으니 인간이 약해진 겁니다. 자신의 가치를 스스로 만들어 낼 수 없게 된 겁니다! 신을 살해하고 자신의 손으로 직접 가치를 창조해야 합니다!

예수

허어, 그렇게 힘주어 말씀하시다니. 그러면 더 괴롭지 않겠습니까? 신에게 모든 걸 맡기면 마음 편히 살 수 있을 텐데요. 신이 행복을 주신다고 믿는 자는 그에 희망을 품고 천국과 신의 구원을 바라며 앞으로 나아갈 수 있습니다.

니체

그리스도교에서 신의 아들이라고 하는 예수 그리스도… 당신에게는 이 말을 해드리고 싶군요. '신은 죽었다'라고요. 그리스도교의 가르침을 무작정 따르고, 있지도 않은 천국으로 도피하려고 하는 나약한 인간상을 저는 이미 버렸습니다. 저는 신의 의지에 기대지 않고 나 자신을 긍정하는 '힘에의 의지'에 따라, 세상의 힘찬 생명력과 일체화하여 이제까지의 나를 초월하여 성장하는 '초인'이 되라고 항상 주장해 왔습니다. 즉, 신이라는 인간의 창조력을 빼앗는 존재를 살해하고 자신이 창조자가 되라는 것입니다!

예수

신의 살해라니… 과감한 발언이군요. 그런 태도로 살면 힘들지 않습니까? 저는 당신이 좀 걱정되는군요. 인간은 신이 오늘 하루를 주신 것에 대해 감사함으로써 안도하고 마음 편히 살아갈 수 있습니다.

니체

이 세상의 가치는 누군가가 주는 것이 아니라 스스로 만드는 것입니다! 모든 순간, 눈앞에 있는 이 인생을 긍정하며 죽을 수 있다면 '다시 한번 같은 인생을 살아보고 싶다'라고 할 수 있겠지요. 바로 그 순간 영겁회귀의 무의미함까지도 뛰어넘어 운명을 사랑한 것이 됩니다. 그야말로 초인이 되는 것이지요. 상담자도 매 순간 자신의 의지로 자기 긍정을 향해 가는 것이 중요합니다!

예수

세상을 창조한 것도, 그를 끝내는 것도 오직 신입니다. 인간을 창조하신 것도 하늘에 계신 신이시지요. 신만이 우리에게 생명을 주시고, 모든 생명에 크나큰 사랑을 베풀어주십니다. 우리는 그 신의 사랑에 부응해야 합니다. 그렇게 함으로써 천국의 문이 열리지요. 천국을 원하는 자는 그곳에 들어갈 수 있고, 천국을 찾아온 자는 이곳을 발견하게 될 것이며, 신이 계신 나라의 문을 두드리는 자에게는 그 문이 열리게 됩니다.

니체

아니요, 세상과 자신을 창조하는 것은 인간이고 더 나아가 초인입니다. 따라서 천국을 믿는 건 어리석은 일이지요. 제대로 된 사람이라면 천국에의 희망을 품으라고 주장하는 자들을 믿어서는 안 됩니다. 그런 사람들이야말로 위대한 생명을 경시하고, 자기 자신을 죽음에 이르게 하고 있는 셈이니까요.

예수

으음, 그런 위대한 생명도 신이 창조하신 것인데……. 신은 악한 자의 위로도, 선한 자의 위로도 태양은 솟아오르게 해주십니다. 그리고 올바른 자 위에도, 그렇지 않은 자 위에도 비를 내려주시지요. 당신이 악하고 올바르지 않다는 뜻이 아닙니다. 나의 적이라도 사랑하고, 나를 박해하는 사람을 위해서도 기도하는 것이 신의 종인 저의 신념입니다.

니체

그건 제가 알 바 아니라고 말하고 싶군요. 저는 약자가 자기보신을 위해 만들어낸 허구인 그리스도교의 기만을 아는 사람입니다. 인간은 종교에 기대지 말고 스스로 새로운 가치를 창조해서 힘차게 살아가야 합니다.

소크라테스

자자, 거기까지! '신은 죽었다'라고 선언한 니체 씨와 신의 사랑을 설파하는 예수 씨. 신과 나, 어느 쪽이 세상을 만들었는가에 관한 설전이 되었습니다. 그러나 최근에는 특별히 신앙을 갖지 않는 사람이 많은 듯합니다. 괴로움에 찬 운명이라도 종교에 기대지 않으며, 인생을 긍정하며 살아가자는 니체 씨의 생각이 살아가기 참 힘든 오늘날 상담자에게 힘이 되면 좋겠습니다.

니체의 주장

의미도, 목적도 없는 세상 속에서 자기 긍정을 이어나가며, 모든 운명을 사랑하는 초인을 목표로 살아가야 한다.

예수의 주장

신의 사랑을 믿고, 천국에서 구원받는 것에 희망을 가지며 살아가야 한다.

- 살아갈 의미나 가치를 생각하기 시작하면, 우리는 정신이 이상해지고 만다. 살아갈 의미는 존재하지 않기 때문이다.

프로이트

- 절대적인 인생의 의미를 가진 사람은 존재하지 않는다.

아들러

- 깊게 탐구하면 할수록 꼭 알아야 할 것을 찾게 된다. 인간의 생명이 계속되는 한, 항상 그럴 것이라고 나는 생각한다.

아인슈타인

신은 죽었다

그리스도교의 가치관이 붕괴했고, 세계가 무의미한 것이라는 선언이다.

신의 죽음

이런 그리스도교 도덕은 약자가 자기 보신을 위해 만든 것입니다!

동정　박애　겸손

복종　평화

신은 죽었습니다. 이 니힐리즘을 인간은 자기 주체성을 통해 극복해야 합니다.

선악의 저편

인간은 그리스도교 도덕이 제시하는 선악이 아니라 힘에의 의지에 따라 주체적으로 살아야 합니다!

인간은 좀 더 자유로운 존재지요!

힘에의 의지와 초인

모든 생명은 더욱 강해지려는 의지를 갖고 있습니다.

이전보다 강해진 것을 실감하는 자기 긍정이야말로 인생에 필요하지요.

지금의 나를 뛰어넘는 모습이야말로 초인입니다.

세계는 의미도, 목적도 없이 그저 원환 운동을 반복하고 있지요.
그렇다면 인간은 더 이상 신에 매달리지 말고 스스로 새로운 가치를 창조하며 강인하게 살아가야 합니다!

신의 사랑(아가페)

신이 모든 인간에게 내려주는 무조건적인 사랑을 뜻한다.

무조건적 사랑

원죄를 짊어진 인간에게 신의 사랑은 무조건적으로 내려진다.

선인　악인　선인　악인

> 하나님 아버지께서는 선인에게도, 악인에게도 동등하게 태양을 솟게 하시고 비를 내려주십니다.

네 원수를 사랑하라

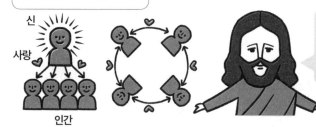

신
사랑
인간

> 신께서 모든 인간을 평등하게 사랑해 주시듯, 인간도 모든 사람을 사랑해야 하지 않겠습니까?

천국

이웃애를 실천하는 사람들 마음속에 천국과 신의 사랑이 실현된다.

> 천국은 당신 안에 있습니다.

> 신의 사랑으로 태어난 우리 인간은 신의 사랑에 답해야 합니다.

세상에는 지금도 괴로워하는 사람이 많습니다.
그러나 그런 사람들에게도 천국의 문은 열려 있지요.
신의 사랑을 믿고 매일 최선을 다해 살아가는 것이 삶의 의미입니다.

나라는 존재는 정말 존재하는 걸까?

상담자

가끔 누군가와 대화하는 나 자신이 타인처럼 느껴져요. 지금 입을 열어 생각을 말하는 이 사람은 대체 누구지? 저 생각은 누구의 생각일까? 이런저런 의문이 들어요. 나라는 존재가 정말 명확한 것인가요?

나는 존재하는가⋯⋯. 이 주제에 대해 딱 알맞은 철학자들이 있습니다. '나는 생각한다. 그러므로 존재한다'라고 말한 데카르트 씨와 이에 대해 '나는 존재하지 않는다'라고 반대 의견을 제시한 스코틀랜드 철학자 흄 씨입니다. 두 분의 논쟁을 시작합니다.

찬반 토론 철학자

네

VS

아니오

르네 데카르트
René Descartes (1596~1650)

데이비드 흄
David Hume (1711~1776)

프랑스의 철학자. 저서 《방법서설》에서 여러 가지 것들을 모두 의심해도 의심하는 나 자신만큼은 의심할 수 없다고 주장했다.

스코틀랜드(영국)의 철학자. 인과관계는 인간의 지각이 그렇게 받아들이기 때문이라고 주장했다.

데카르트

참 좋은 질문입니다. 저도 진리를 찾아가는 중에 자신이 무엇인지에 대한 답을 찾지 못해 가로막히곤 했지요. 저는 우선 모든 것을 의심하다 보면 마지막에는 의심할 여지가 없는 진실만 남게 될 거라고 생각했는데, 그러는 사이 저는 알게 됐습니다! 무엇이 진실인지를 알아내려는 나 자신이 우선 필연적으로 어떤 존재가 되어야 한다는 사실을요. 그래서 도달한 진리가 바로 '코기토, 에르고 줌Cogito, ergo sum' 즉, '나는 생각한다. 그러므로 존재한다'였습니다. 모든 것을 의심해도 여기서 의심할 여지 없이 확실한 진리는, 의심하는 나 자신… 다시 말해서 의식적인 자아가 존재한다는 점이라는 뜻이지요.

흄

으음, 저도 회의론자라는 점만 보면 데카르트 씨와 공통된 점이 있지만, 그것 외에는 많은 것들이 다르군요. 인간에게는 지각 이외에는 아무것도 존재하지 않는다는 게 제 생각입니다. 제가 보기에 당신이 의심할 수 없는 진리라 하는 자아마저도 단순히 자기 자신이 주관적으로 느낀 '지각의 묶음'에 불과하고 실존하지 않는 것으로 여겨지는군요.

데카르트

제게 궁극의 진리인 의식적인 자아의 실존을 부정당하는 건 다시 말해 저 자신을 부정당하는 것과 마찬가지입니다.

흄

데카르트 씨께는 죄송한 말이지만, 그게 바로 제가 찾아낸 진리입니다. 당신도 모든 것을 의심하고, 의심스러운 것을 배제하며 부정해 왔겠지만 제가 보기엔 아직 불충분한 것 같군요.

데카르트

흠, 매우 흥미롭습니다. 지각 말고는 아무것도 존재하지 않는 흄 씨에게 이 세상은 어떤 식으로 보이는 겁니까?

흄

역시 데카르트 씨군요. 그럼 제 생각을 말씀해 드리겠습니다. 저한테는 주관적인 지각이야말로 전부이고, 애당초 객관적, 물리적인 세계는 실재하지 않으며 그런 것들은 모두 우리 감각에 의해 경험한 인상에 지나지 않습니다. 그리고 우리에겐 자신의 주관적인 감각밖에 없으므로 그런 한정적인 지성이 보편적, 절대적 진리를 깨닫는 건 불가능하다는 것이지요.

데카르트

모든 것이 환상일지도 모르다니……. 그렇군요. 하지만 이 질문에도 답해주시면 좋겠습니다. 인간의 지성으로는 보편적, 절대적인 진리를 알 수 없다는 회의론은 고대 그리스의 퓌론 Pyrrhon의 사상에 이미 나타나 있지만, 저보다 1세기 후 시대에 살았던 당신의 회의론은 그런 기원전의 회의론과 어떤 차이가 있습니까?

흄

매우 좋은 질문입니다. 제 회의론은 고대 그리스의 회의론을 따른 것이 아니라 당신과 동시대를 살았던 베이컨 씨의 경험론을 더욱 철저히 한 것입니다. 인간은 한정적인 자신의 지각에 의한 경험을 초월해서 뭔가를 깨닫는 것이 불가능합니다. 그래서 자신의 경험을 뛰어넘은 현상에 대해서 우리 지성은 그에 대해 판단을 내릴 능력도 없고, 그럴 권리도 없어요. 그게 바로 고대 그리스와는 다른 18세기 나름의 제 회의론이지요.

데카르트

솔직히 말씀드리자면 제 입장에선 받아들이기 어렵습니다. 그건 제 철학 원리를 완전히 부정하는 것과 마찬가지니까요. 하지만 그런 사고방식이 존재한다는 자체는 실로 흥미롭습니다. 동의할 수는 없지만 재미있어요, 정말로.

흄

감사합니다. 아까 말씀드린 것처럼 베이컨 씨나 조지 버클리 George Berkeley 씨의 경험론이 있었기에 그걸 비판적으로 계승함으로써 태어난 생각입니다. 아마 당연하지만 21세기 현대에서는 아마 또 다른 방식으로 받아들이게 되겠지요.

소크라테스

네, 17세기 합리론의 대가인 데카르트 씨와 18세기에 경험론을 추구했던 흄 씨, 둘 다 흥미로운 이야기를 해주셨습니다. 자신의 존재란 대체 무엇인가……. 데카르트 씨가 말하는 객관적인 이성이란 존재하는 것일까, 흄 씨가 말하듯 주관적인 감각만 있는 것일까. 여러분도 다시 한번 생각해 보는 게 어떨까요?

흄의 주장

자아도 그저 인간의 감각을 통해 지각된 것에 불과하며, 인간은 절대적, 보편적인 진리를 깨달을 수 없다.

데카르트의 주장

모든 것을 의심하는 나 자신이야말로 의심할 여지가 없는 존재라는 진리. '나는 생각한다, 그러므로 존재한다'.

● 우리는 우리가 무엇인지는 알지만, 무엇이 될 수 있는지는 모른다.

셰익스피어

● 자신을 아는 것은 모든 지혜의 시작이다.

아리스토텔레스

● 고독은 불변하여 남에게 전할 수 없으므로 즉, 생물학적이라 할 수 있는 자아를 인식하는 것과 같다.

프랑수아즈 사강

회의론

인간의 지성으로는 보편적, 절대적 진리를 깨달을 수는 없다는 생각이다.

지각의 묶음

이건 실체가 있어!

아니, 지각의 묶음입니다.

모든 것은 지각만 했을 뿐 실체는 없지.

자아

조지 버클리

인과율의 부정

| 원인 | 법칙 →| 결과 |

이것도 인간이 지각했을 뿐이지 사실은 알 수 없어.

그럴 수가! '독단의 잠'에서 깨어났습니다.

칸트

영향을 줌

모든 걸 부정하는 것처럼 보일지도 모르겠지만 그렇지 않습니다.
우리는 지각한 이상의 것을 알 수 없으므로 좀 더 겸허하게 논리적으로 살아야 한다고
말하고 싶은 것뿐이지요.

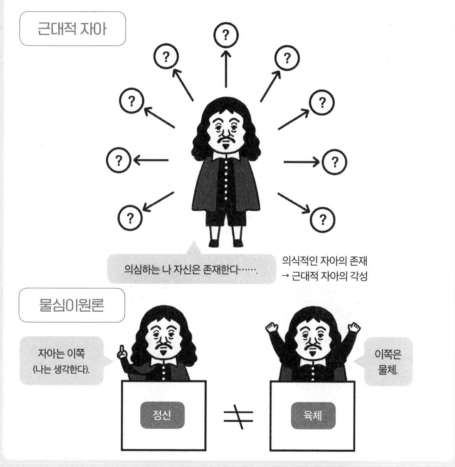

데카르트의 생각

나는 생각한다, 그러므로 존재한다.

모든 것을 의심하더라도 의심할 여지조차 없는 확실한 진리는,
이 의심을 하는 나 자신만큼은 존재한다는 생각이다.

근대적 자아

의심하는 나 자신은 존재한다⋯⋯.

의식적인 자아의 존재
→ 근대적 자아의 각성

물심이원론

자아는 이쪽
(나는 생각한다).

이쪽은
물체.

정신 ≠ 육체

나는 무엇인가?
최종적으로 저는 여러 가지를 의심하는 저의 정신이야말로 나 자신의 것이라는 결론에 이르렀습니다.
그것이 몸과 어떻게 연관되어 있는지에 대한 생각은 아직 불충분했지만요.

나를 남과 비교하는 게 나쁜 일일까?

상담자

저를 다른 사람과 비교하면 우울해집니다. 저와 남은 다른 존재라고 생각하며 나대로 살자고 스스로를 다독이지만 잘되지 않아요. 자신을 남과 비교하는 게 꼭 나쁜 일일까요?

나를 남과 비교하며 부러워하는 마음은 어떤 때는 의욕의 원천이 되기도 하고, 때로는 실망의 원인이 되기도 합니다. 이 주제에 도전할 두 철학자는 미국의 현대 철학에 큰 영향을 준 사이드 씨와 두 번째로 등장한 베이컨 씨입니다.

찬반 토론 철학자

네

VS

아니오

프랜시스 베이컨
(1561~1626)

르네상스 후기의 영국 철학자. 인간의 지식에 따라 자연을 극복하고, 인류에게 복지를 가져와야 한다고 주장했다.

에드워드 사이드
Edward Said(1935~2003)

팔레스타인계 미국인인 문학연구자. 동방 취미의 경향인 '오리엔탈리즘'이 서양에 의한 지배적인 관념이라고 비판했다.

저는 예루살렘에서 태어난 그리스도교인인 팔레스타인인입니다. 미국으로 건너가 컬럼비아대학교 교수로 일했는데, 저는 앵글로색슨계 백인이자 프로테스탄트라는 전형적인 미국인들과 다른 존재로서, 서양문화에서 본 '엑조티시즘exoticism' 즉, 이국적 정취 그리고 동양에 대한 무지 및 오해를 기반으로 한 일방적이고 일반적인 이해인 '오리엔탈리즘'의 폐해에 대해 일관적인 고찰을 했지요.

저는 16세기에 살았던 영국인이자 동인도 회사가 인도를 통치했던 때보다 100년도 더 이전엔 살았던 사람입니다. 당신이 이번 주제로 어떤 말씀을 하시고자 하는지 예상도 되지 않지만 그래도 흥미롭군요. 더 이야기를 해주세요.

감사합니다. 그럼 더 설명해 드리겠습니다. 상담자는 자신과 남을 비교해서 열등감에 사로잡힌 것 같은데, 비교라는 건 흔히 반대로 근거 없는 우월감을 가지고 오기도 합니다.

정말로 그렇습니다. 저는 인간을 '이돌라idola'라고 부르는데, 인간이야말로 다양한 편견에 사로잡힌 생물입니다. 그런 혼란을 일으키는 원인을 밝히기 위해서라도 저는 '귀납법'을 중시하고 싶습니다.

현명한 판단입니다. 실제로 동양의 문화를 미개하며 열등하다고 단정 짓는 잘못된 오리엔탈리즘은 유럽 사람들 사이에서 서양 문화가 우월하다는 인식을 심어주고, 그런 사고방식은 식민지 지배의 정당화로 직결됐지요.

베이컨

저는 나와 남을 비교하는 것의 폐해로 우선 '질투'를 들었습니다. 질투는 항상 남과의 비교에서 생기는 것으로, 비교가 없으면 열등감도 질투도 생겨나지 않게 됩니다. 그런데 당신은 비교로 인해 민족적 차별이 발생했다고 하시는군요.

사이드

그렇습니다. 본래 '동양'과 '서양'이라는 건 단순히 바다, 그러니까 양洋의 동쪽과 서쪽을 이르는 중성적이고 중립적인 단어에 불과했습니다. 그러나 이전 세기의 서양적 가치관은 동양의 문화를 열등한 것으로 보고 식민지 지배를 정당화하는 데까지 이르렀습니다. 그러한 문화적 차이에 대해서는 우열을 단정 짓지 말고, 차이와 다양성을 있는 그대로 인정해야 논리적인 가치가 생겨날 것입니다.

베이컨

그렇습니다. 우리는 본래 비교할 필요가 없는 독립된 개성을 가지고 있고, 그건 우리의 생명 그 자체니까요.

사이드

물론 각각의 생명은 인류나 동서양을 따지지 않고 평등하게 존중받아야 합니다. 그런데 다른 점이 있다면, 베이컨 씨는 비교 그 자체를 열등감이나 질투를 낳는 원인으로 여겨 경계하지만, 저는 문명 평론을 한 후에 이뤄지는 비교의 유용성 자체는 부정하지 않습니다. 다만 거기서 우월성을 단정 지으면 안 된다고 생각할 뿐이지요. 특히, 동양이나 서양 같은 조잡한 분류는 이데올로기적 대립으로 이어지기 쉬우니까요.

베이컨

모든 인간은 이돌라 즉, 편견에 사로잡히지 않고 사물의 본질을 올바르게 볼 수 있는 지식을 획득해야 하겠군요.

사이드

그렇습니다. 베이컨 씨와 저는 비교에 대한 태도는 다르지만 우리 모두 논리적인 가치를 중시한다는 점에서는 같은 선에 섰다고 봐도 되겠네요.

소크라테스

오호, 비교가 정말 나쁜 건지 묻는 상담자의 질문에 대해 두 사람의 태도는 서로 다르지만… 베이컨 씨의 말처럼 애당초 비교할 만한 것이 아니라는 것, 한편 사이드 씨의 말처럼 비교를 하더라도 거기서 우열을 따지지 말고 차이를 있는 그대로 인정하라는 것, 어느 쪽이든 간에 상담자가 실망할 필요는 없다고 말씀드리고 싶군요.

사이드의 주장

비교 자체는 필요하다. 단, 그곳에서 우열을 찾아내는 게 아니라 차이의 다양성으로 인정해야 한다.

베이컨의 주장

비교는 질투를 낳는다. 우리는 비교할 필요가 없는 독립된 개성을 가진 존재, 그러니 각자의 생명을 비교할 필요가 없다.

● 비교하여 생각하는 습관은 치명적이다.

버트런드 러셀

● 질투는 항상 타인과의 비교에서 생기며, 비교 없는 곳에는 질투도 없다.

베이컨

● 내가 나를 어떻게 생각하는가. 그건 타인이 날 어떻게 생각하는가 보다 훨씬 중요하다.

세네카

오리엔탈리즘

오리엔트(중근동, 북아프리카, 극동)에 대한 서양의 차별적인 관념이다.

오리엔탈리즘의 오해

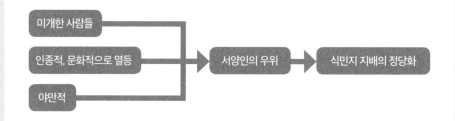

미개한 사람들
인종적, 문화적으로 열등
야만적
→ 서양인의 우위 → 식민지 지배의 정당화

탈식민주의 postcolonialism

식민지였던 곳이
제2차 세계대전
후에 독립해도…….

이런 것들은 지금도
이어지는 문제입니다.

식민지 지배의
역사

편견   억압

상대의 문화를 존중하지 않고 이국적 정서를 그저 소비하는 것은 서양인만이 아니라
우리도 다른 나라를 상대로 흔히 저지르는 실수입니다. 자숙해야겠지요…….

이돌라

사물을 올바르게 인식하는 것을 방해하는 편견과 선입견을 이르는 말이다.

여러 가지 이돌라

종족의 이돌라

인간이라는 종족에 대한 공통된 편견.

동굴의 이돌라

개인의 경험에서 생겨난 편견.

시장의 이돌라

사람들 사이에서 잘못된 언어가
사용되어 생겨난 편견.

극장의 이돌라

전통이나 권위를 무작정 받아들여서
생기는 편견.

> 현대에도 SNS 등에서
> 볼 수 있지요!

이돌라의 배제

> 귀납법으로
> 생각합시다.

> 인터넷에
> 이렇게 나왔어!

> 인터넷에서 얘기
> 하는 게 모두
> 진실은 아니라고!

법칙성이나 진리를 도출하려면
복수의 경험적 지식이 필요하다.

인터넷 등이 발달한 21세기에는 이돌라의 원형이 되는 잘못된 정보가 많이 돌아다니고 있습니다.
이돌라를 배제하기 위해서라도 폭넓은 경험과 견문이 필요하지요.

아이를 낳으려면 빠른 게 좋을까?

상담자

격차나 분열, 만연한 재해나 전염병, 끝나지 않는 전쟁… 이런 세상에 사는 요즘 아이들이 불쌍하다는 생각이 들어요. 그래서 아이를 낳는 게 맞는 것인지 아직까지 좀 고민돼요. 주변에서는 낳을 거면 빨리 낳아야 한다는데… 어째야 좋을지 모르겠어요.

상담자와 같은 생각에 기초한 '반출생주의'라는 사고방식을 최근에 자주 듣게 되는데요. 이 문제에 대해 철학자들은 어떻게 생각할까요? 두 번째로 등장하는 레비나스 씨와 유교의 시조 공자 씨의 논쟁 대결입니다.

찬반 토론 철학자

네

VS

아니오

공자
孔子(기원전 551년~기원전 479년)

중국 춘추 시대의 사상가. 인애와 예절을 중시하는 사상은 후에 유가사상으로서 체계화됐다.

에마뉘엘 레비나스
(1906~1995)

프랑스의 철학자. 제2차 세계대전 중, 독일군의 포로로 잡혀 수용되었다. 주요 저서로는 《전체성과 무한》 등이 있다.

레비나스 저는 나치 수용소에서 살아남았습니다. 그러나 그게 정말로 다행인 일이었을까요? 제가 아는 이 대부분이 수용소에서 세상을 떠났습니다. 왜 저만 살아남게 된 건지……. 저는 삶의 무의미함을 통감할 수밖에 없었습니다. 소중한 사람을 모두 잃고 남게 된 '일리야', 다시 말해 '그저 존재하기만 하는 음산한 세계'라는 공포에서 벗어날 방법은 없는지 저는 끝없이 고민했어요.

공자 큰 고통을 겪으셨군요. 저도 전란으로 도덕이 어지러워진 중국에서 사랑하는 제자인 자로子路를 잃고 슬픔에 잠겼지요. 그래서 당신은 그 허무함을 어떻게 극복했습니까?

레비나스 저는 타인과의 만남을 통해 구원을 얻을 수 있었습니다. 죽은 사람들, 지금을 살아가는 사람들, 그리고 앞으로 태어날 사람들……. 그런 사람들은 모두 나 자신과는 구별되는 절대적인 타인입니다. 그런 타인을 저는 '얼굴(비자주visage)'이라고 명명했습니다. 저에게 있어 윤리란 '나와 다른 얼굴=타인'을 이해하고 받아들이는 것이라는 결론에 도달했지요. 그리고 저는 돌아가신 분들 몫까지 이어받아 인생을 살아가자는 사명에 눈을 떠서 나 자신에 대한 고집에서 벗어나 일리야에서도 해방될 수 있었습니다.

공자 아아, 그런 일이 있으셨군요. 그런데 그런 점이 이번 상담자의 고민인 '요즘 세상에 아이를 낳아야 하는가?'라는 의문과는 어떤 연관이 있을까요?

레비나스

우선 저는 굳이 '자식을 빨리 가져야 한다'라고 말하고 싶지는 않습니다. 부모가 된다는 건 새로운 나 자신을 마주하는 아주 어렵고 복잡한 일이니까요. 또한 자식을 낳는 건 나 자신 이외의 존재인 자녀의 인생, 그 가능성에 발을 들이는 행위입니다. 내 뜻 같지 않은 자녀와 함께 살아가게 되겠지요. 동시에 자신이 죽은 후, 미래 세대에 대해서도 윤리적인 관계성을 가지게 됩니다. 다만, 자식을 갖는 일은 절대적으로 다른 타인과 함께 살아간다는 의미에서 인간의 윤리성을 높이는 일이라고 생각합니다. 그러니 조급하게 생각하기보다는 먼저 자기 자신과 진지하게 마주해 보시길 바랍니다.

공자

흐음, 그 점에 대해서 저는 반대 입장입니다. 저도 당신과 마찬가지로 윤리를 제일가는 가치로 생각하며 살아왔지만, 제게 있어 윤리란 '인仁', 즉 남에 대한 배려나 사랑이 내면화된 도덕이자 질서입니다. 그리고 인의 최초 단계는 인간이 태어나 자란 가정이지요. 인간은 가족 속에서 인을 확립하고, 그걸 사회에서 펼쳐 나가는 존재입니다. 다시 말해, 사회 도덕의 근본은 가정에서 출발한다고 볼 수 있지요. 자식을 낳지 않는 것이 쉽게 선택되어서는 인을 세상에 펼칠 수 없게 됩니다.

레비나스

저는 자식을 낳지 말라는 게 아닙니다. 실제로 저에게도 작곡가가 된 아들이 있었으니까요. 다만 상담자의 경우, 그 시기가 아직 찾아오지 않은 게 아닐까 하는 생각이 들 뿐입니다.

공자

인이란 남을 사랑하는 것입니다. 그리고 사랑은 부모 자식이나 가족 사이에 자연히 생겨나는 것이지요. 어떤 시기까지 기다리고 말고 할 문제가 아니라고 봅니다만.

레비나스

그렇다면 당신은 사회 상황을 염려하는 상담자의 고민에 어떻게 답하실 겁니까?

공자

세상의 비참한 상황을 해소하기 위해서라도 인을 사회에 퍼트릴 필요가 있습니다. 그러기 위해서는 자식을 낳고 가족을 만들어 남을 사랑하는 정신을 세상에 떨쳐야 하지 않겠습니까?

소크라테스

거기까지! 유대교의 구전 율법인 《탈무드》를 소중히 여겨온 레비나스 씨, 그리고 유교의 창시자인 공자 씨. 두 분의 의견이 달라 보이지만 사실은 자식을 낳는 것이 인간의 윤리성을 높이는 길이라 주장한다는 점에서는 뜻이 같아 보입니다. 윤리란 자신과 타인의 관계성에서 생겨나는 것이로군요.

레비나스의 주장

자식을 낳는 것은 완전히 다른 타인과 마주하는, 매우 높은 윤리성이 요구되는 일이다.

 공자의 주장

사회를 다스리기 위해서는 '인'이 중요하며, 인은 우선 가정에서 자라는 것이므로 자식은 낳는 편이 좋다.

● 인생에서 가장 중요한 두 날을 꼽는다면, 그건 당신이 태어난 날과 그
이유를 알게 된 날이다.

마크 트웨인

● 잠은 좋지만, 죽음은 더 좋다. 그러나 물론 최선은 아예 태어나지 않는
것이다.

하인리히 하이네

● 나는 생을 싫어하는 것도, 죽음을 바라는 것도 아니다. 그저 태어나지
않았으면 좋았을 거라고 생각할 뿐이다.

에밀 시오랑

레비나스의 생각

얼굴(비자주)

자신과는 구별되는 절대적인 타인의 존재를 뜻하는 말이다.

자신에의 고집

자신

타인

거절
폭력

이래서는 무의미한 세계에
사로잡힐 뿐입니다.

내 세계의
전체성만 소중!

자신과는 다른 타인을 윤리적으로 받아들인다

자신

타인

책임

호응

자신의 존재가
무한의 세계를
열어줍니다!

함께 살아가는 사람으로서
책임이 있다!

자신의 내재적 세계를 고집하면 무의미한 세계에서 탈출할 수 없습니다.
자기와 다른 타인과의 논리적인 관계를 통해 비로소 처음으로 무한으로의 탈출이 가능하지요.

인

인간 사이에 자연히 생겨나는 친애의 마음을 이르는 말이다.

人(인)＋二(이)＝仁(인)

인＝사람을 사랑한다

사람이 둘 있으면 친애의 마음이 생겨나지요!

인에는 이런 마음이 중요!

서恕 = 배려

충忠 = 진심

극기克己 = 고집을 억누른다

효제에서 인으로

효제

모든 사람에게 퍼지면

인

육친 사이에 태어나는 자연스러운 친애의 마음

모든 덕의 기본

4장 | 인생

인간의 마음속에 있는 인이 타인을 공경하는 태도로 외부에 드러난 것이 예(예의범절, 사회규범)입니다. 그리고 인의 근본은 가족 속에서 효제孝悌로서 자라나는 것이지요.

아름다운 외모를 갖고 싶어 하는 건 잘못된 생각일까?

고민 내용

상담자

저는 외모 콤플렉스가 있어서 어떻게 해도 자신감을 갖기 힘들어요. 요즘 '외모지상주의'가 사회 문제라지만, 성형을 해서라도 아름다워지고 싶다는 마음은 버리기가 힘드네요. 이런 생각이 잘못된 건가요?

아름다움 역시 인류 보편의 고민이지요. 나이와 성별 불문하고 '외모는 상관없다'라고 단언하는 사람이 더 적지 않을까요? 이 주제로 논쟁을 벌일 철학자는 일본 에도 시대의 국학자인 모토오리 노리나가 씨와 저 소크라테스의 제자인 플라톤입니다.

찬반 토론 철학자

네

VS

아니오

플라톤
Platon (기원전 427년경~기원전 347년경)

고대 그리스의 철학자이자 소크라테스의 제자. 눈에 보이는 물질과 그 물질 본연의 모습인 '이데아'가 존재한다고 주장했다.

모토오리 노리나가
本居宣長 (1730~1801)

에도 시대의 사상가. '고지키古事記'를 연구하고, 그 안에 일본인 특유의 사상인 '야마토고코로'가 있다고 했다.

모토오리 노리나가

저는 일본 고전을 연구하는 사람입니다. 아름다움이라고 하면 저는 역시 《겐지모노가타리》가 떠오릅니다. 그곳에서 일본인의 미의식인 '모노노아와레もののあわれ'의 근원을 발견할 수 있기 때문입니다. 누구든 아름다운 사람을 보면 '가까워지고 싶다' 혹은 '매력적이다'라고 생각하지요. 이런 아름다움에 대한 자연스러운 공감과 마음의 움직임이 바로 '모노노아와레'입니다. 상담자는 아름다운 외모를 가지고 싶다고 하시는데 그건 매우 자연스러운 일이지요.

플라톤

에도 시대의 일본인이라고 하면 주자학을 중시하는 금욕적인 사무라이 이미지만 떠올랐는데 꼭 그런 것만은 아닌 모양이군요.

모토오리 노리나가

네, 의외로 그렇지 않지요. 중국에서 비롯된 불교나 유학은 금욕적인 면이 있습니다만, 그게 인간의 본래 심성과 반드시 일치하지는 않아요. 저는 그런 금욕적인 태도를 '가라고코로漢意'라고 부릅니다. 인간에게 욕망이 있는 것은 당연한 일입니다. 이러한 '야마토고코로大和心'●는 자연스럽게 느껴지는 진심이며 저는 그걸 인정하고 드러내야 한다고 봅니다.

플라톤

하하하, 그거 참 재미있군요. 적어도 저는 불교나 유교보다 당신의 생각에 더 마음이 가는군요. 그러나 아름다움에 대해서라면 당신의 생각이 옳은 건지 좀 의문이 듭니다. 외적 아름다

● 외국에 대한 민족 고유의 정신이나 지혜 등을 가리키는 용어로, 용감하고 첨렴한 정신적 특징을 일컫는다.

움에 마음이 동하는 것이야 당연하지만, 그것만으로는 인간이 선의 본질에 도달할 수 없을 겁니다. 그런 외모를 초월한 아름다움을 갈구하는 것이야말로 진정한 선미善美에 이르는 일이지요. 상담자도 진정한 선과 미를 추구해야 합니다.

모토오리 노리나가

진정한 선과 미라는 말씀을 하셨는데, 그건 어떤 것이지요?

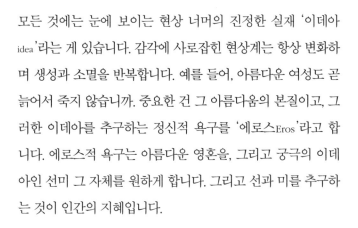

플라톤

모든 것에는 눈에 보이는 현상 너머의 진정한 실재 '이데아 idea'라는 게 있습니다. 감각에 사로잡힌 현상계는 항상 변화하며 생성과 소멸을 반복합니다. 예를 들어, 아름다운 여성도 곧 늙어서 죽지 않습니까. 중요한 건 그 아름다움의 본질이고, 그러한 이데아를 추구하는 정신적 욕구를 '에로스Eros'라고 합니다. 에로스적 욕구는 아름다운 영혼을, 그리고 궁극의 이데아인 선미 그 자체를 원하게 합니다. 그리고 선과 미를 추구하는 것이 인간의 지혜입니다.

모토오리 노리나가

부분적으로는 이해가 가는 생각입니다만… 눈에 보이지 않는 선과 미를 추구하는 게 최고의 선이라는 결론은 좀 고리타분하게 느껴지는군요. 저에게는 자연의, 있는 그대로의 심정인 진심이야말로 존중받아 마땅한 것인데……. 아까 아름다운 사람을 예로 들었는데, 그게 설령 달이든 꽃이든 설경이든 느껴야 할 것을 만나 마음이 동하는 그 자체가 중요하지 않을까요? 그 너머에 있는 진실한 실재를 보려고 해야 한다니 유교나 불교와는 또 다른 느낌으로 이치만 따지는 것 같군요.

플라톤

이치를 따지는 게 아니라 그게 바로 세상의 진정한 모습이라는 겁니다. 당신은 지금 눈앞의 현상만 보는 것 같습니다. '아름답다'라는 말 한마디에도 아름다운 여성이나 아름다운 꽃, 아름다운 음악이 모두 해당하지 않습니까. 아름다움이 드러나는 모습은 하나하나 천차만별입니다. 그러나 그 배후에 있는 '아름다움의 본질'은 공통된 것이지요. 제가 하고 싶은 말은 이런 공통된 본질, 즉 이데아를 구하는 사랑입니다. 당신처럼 현상에 구속되어 얄팍한 겉모습만 생각하는 것이 아니라요.

모토오리 노리나가

아니, 그런 현상을 통해 이데아든 뭐든 느끼는 게 아닙니까. 현상이 없는데 어떻게 그 이데아를 인식한단 말입니까. 플라톤 씨도 그 정도는 아시지 않습니까?

플라톤

물론 압니다. 현상을 단서로 이데아를 인식하는 것 정도는요. 제 말은 아름다운 현상은 미의 이데아 없이 아름다운 모습을 드러낼 수 없다는 겁니다!

소크라테스

자자, 플라톤이 모토오리 씨 때문에 답답해하는 것 같은데요. 진심에서 느껴지는 미를 긍정하는 모토오리 씨, 눈으로 보이는 미를 초월하여 진정한 실재로서 선과 미를 논한 플라톤, 두 주장에도 각각 납득할 부분이 있지 않을까요?

모토오리 노리나가의 주장

용모의 아름다움에 마음이 움직이는 것도 '모노노아와레'다.
눈앞의 아름다움을 갈구해도 좋다.

플라톤의 주장

외모의 아름다움 너머에 있는 진정한 실재인 이데아, 그중에
서도 궁극의 이데아인 선과 미를 추구해야 한다.

● 아름다움은 무섭고 두렵다! 정의할 수 없으니 두려운 것이다.

표도르 도스토옙스키

● 미모의 아름다움은 눈을 즐겁게 하나, 상냥한 태도는 영혼을 매료한다.

볼테르

● 아름다운 꽃이 있는 것이지, 꽃의 아름다움이라는 건 없다.

고바야시 히데오

모노노아와레

사람의 마음이 아름다운 것을 접했을 때 일어나는 절절한 마음의 움직임이다.

감동

이것이야말로 인간의
자연스러운 마음의
움직임, 즉 진심!

아름다운 경치

감동적인
사건

멋진
문학

모노노아와레를 아는 사람

달이 참
아름답구나!

저 사람은 참
미인이네! 좋다!

훌륭한
공예품!
갖고 싶어!

인간 본래의
마음을 긍정하자!

유교는
답답하기만
하지!

유교나 불교는 원래 중국에서 온 것으로,
일본인 고유의 정신적 특징인 야마토고코로와는 달리 다소 금욕적인 사고방식입니다.
오히려 현대에는 예부터 내려온 일본의 '신도神道'를 참고해야 하지 않을까요?

플라톤의 생각

이데아론

인간의 영혼은 이데아계에서 오는 것이며, 눈에 보이는 각각의 현상이 가진 본질,
즉 이데아를 지성을 통해 인식할 수 있다는 생각이다.

현상계와 이데아계

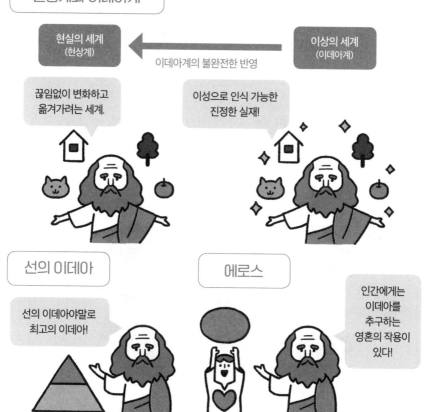

현실의 세계
(현상계)

← 이데아계의 불완전한 반영

이상의 세계
(이데아계)

끊임없이 변화하고
옮겨가려는 세계.

이성으로 인식 가능한
진정한 실재!

선의 이데아

에로스

선의 이데아야말로
최고의 이데아!

인간에게는
이데아를
추구하는
영혼의 작용이
있다!

감각으로 파악할 수 있는 현상계만이 아니라 지성으로 인식할 수 있는 진정한 실재인 이데아계,
그중에서도 최고의 이데아인 선의 이데아를 추구하는 것이 인간의 이상적인 모습이지요!

남에게 인정받고 싶은 마음은 어리석은 걸까?

상담자

트위터나 인스타그램에서 '좋아요' 수가 적으면 저도 모르게 실망하게 돼요 요즘에는 남의 인정을 바란다고 말하면 흔히 자존감이 낫거나 줏대 없는 사람으로 여겨지곤 하는데, 남에게 인정받고 싶다는 마음은 어리석은 것일까요?

'인정 욕구' 자체는 아주 오래전부터 존재했던 것이고, 현대에 와서는 SNS의 등장으로 더욱 강화된 것 같습니다. 이런 것에 휘둘리는 게 어리석은 일일까요? 독일의 철학자 하이데거 씨와 미국의 매슬로 씨께 의견을 들어보겠습니다.

찬반 토론 철학자

네

VS

아니오

마르틴 하이데거
Martin Heidegger (1889~1976)

독일의 철학자. 저서 《존재와 시간》에서 '존재란 무엇인가'에 대해 고찰했으나 그 고찰은 미완성으로 끝났다.

에이브러햄 매슬로
Abraham Harold Maslow (1908~1970)

미국의 심리학자. '욕구의 5단계 이론'으로 인간의 욕구는 피라미드와 같은 구조로 되어 있다고 주장했다.

매슬로

우선 인간의 욕구에 대해 설명하겠습니다. 제가 제창한 '욕구의 5단계 이론'은 이미 아시는 분도 있겠지만, 아래부터 순서대로 '호흡, 수면, 식욕, 성 등의 생리적 욕구', '신체 안전의 욕구', '소속감과 애정의 욕구', '타인의 인정과 존중을 받고자하는 존경의 욕구', '자아실현의 욕구'가 있지요. 위로 갈수록고차원적 욕구로, 제일 높은 수준이 바로 자아실현의 욕구입니다. 그러니 위에서 두 번째에 위치한 존경의 욕구 또한 따지고 보면 절대로 어리석은 것이라 무시할 수 없는 것이겠지요.

하이데거

존경의 욕구가 왜 어리석은가에 대해 설명해 드리지요. 인간은 일상에서 주변의 눈을 의식하기 쉽습니다. 동조 압력이라는 말을 들어본 적이 있으시겠지요. 사람들은 대개 주위 사람들과 똑같이 행동하려 함으로써 본래의 나 자신을 잃게 됩니다. 그런 일상성에 매몰되어 자신의 실존을 잃은 상태를 저는 '다스 만das Man'='세인世人'이라고 부릅니다.

소크라테스

아아, 본래의 자신을 잃은 존재란 말입니까?

하이데거

네, 그렇습니다. 그런 세인은 주변만 신경 쓰느라, 태어난 그 순간부터 자신이 항상 죽음의 가능성에 노출되어 불가피한 죽음을 향해 가고 있는 '죽음을 향한 존재'임을 잊게 됩니다. 그런데 사람들 대다수는 자신이 내일 죽을지도 모른다는 사실은 생각하지 않고, 주변에 휘둘리며 살아가지요. 죽음은 다른 누구도 아닌 나 자신에게 찾아오는 것이며, 내가 고유한 존재임을 가장 명확하게 알려주는 증거인데 말입니다.

매슬로

오오, 그 말씀은 어쩐지 무섭게 들리는군요. 그럼 어떻게 하면 그 세인의 상태에서 벗어날 수 있습니까?

하이데거

생각하기에 따라 아주 간단합니다. 죽음을 직시하고 그게 반드시 나를 찾아오는 것임을 자각하여 죽음을 받아들이는 것이지요. 그걸 저는 '죽음으로의 선구'라고 부릅니다. 그렇게 함으로써 자기 인생의 유한성을 자각하고, 인간의 실존이 회복되는 겁니다.

매슬로

그렇군요. 다만 아까 말씀드린 욕구의 5단계 이론에서 보자면 인간은 존경의 욕구가 충족되어야 다음 단계인 자아실현으로 나아가게 됩니다. 존경의 욕구에만 머무르면 문제겠지만, 존경의 욕구는 자신의 능력이나 가능성을 충분히 활용하여 새로운 나 자신으로 도약하는, 자아실현의 출발점이라고 볼 수 있어요. 그런 의미에서 존경의 욕구에는 긍정적인 측면도 있다고 생각합니다.

하이데거

하지만 매슬로 씨도 존경의 욕구에만 머물러서는 안 된다고 생각하시지 않습니까. 자아실현으로 도약해야 한다면서요. 주변의 평판을 의식하는 중의 나는 나 자신이 아니니 말입니다.

매슬로

과연 그럴까요? 존경의 욕구를 타인과의 동조로만 보시니까 그런 식으로 생각하시는 것 같습니다만.

소크라테스

그건 무슨 뜻입니까?

매슬로

존경의 욕구는 주변에의 동조로만 얻어지는 게 아니라는 뜻입니다. SNS 시대에는 유튜버나 틱톡커처럼 세간과 조금 다른 행위를 통해 존경 욕구를 채우고 자아실현까지 이루려는 사람들도 있으니 말이지요.

소크라테스

거기까지! 그래요, SNS 전성기인 현대에는 이 문제도 끊이지 않는 논쟁거리가 되겠군요. 그리고 제가 알기로 하이데거 씨는 인간의 존재를 '세계-내(內)-존재'로 규정하는데, 즉 세계에 내던져진 인간은 세계 속에서 타인과 얽히는 존재라는 것이지요. 또한 매슬로 씨가 주장한 존경의 욕구도, 자아실현의 욕구도, 결국 타인과의 관계 속에서 태어납니다. 그런 의미에서 보자면 이 둘 사이에는 비슷한 점이 있지 않을까 합니다. 따라서 상담자도 주변의 눈과 목소리를 어느 정도 의식하는 것이 나에게 맞는지에 대해 고민해 보는 게 어떨까요?

매슬로의 주장

존경의 욕구는 자아실현의 욕구 바로 이전에 있는 고차원적인 욕구다. 꼭 부정할 필요만은 없다.

하이데거의 주장

타인으로부터 인정을 받기 위해 애쓰는 나머지, 본래 자신을 잃기 쉽다. 죽음이라는 유한성을 직시해서 자신의 실존을 회복해야 한다.

● 인간은 자신의 승인 없이는 편안할 수 없다.

마크 트웨인

● 해 보이고, 말로 들려주고, 시켜보고, 칭찬해 주면 사람은 움직인다.

야마모토 이소로쿠

● 인정 욕구를 통해 얻은 공헌감은 자유가 없기에 필요치 않다.

아들러

욕구의 5단계 이론

인간의 욕구는 생리적이고 기본적인 욕구에서 창조나 가치를 목표로 하는
성장 욕구까지 여러 층으로 이어져 있다는 생각이다.

욕구의 5단계 이론

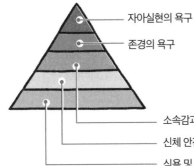

- 자아실현의 욕구
- 존경의 욕구
- 소속감과 애정의 욕구
- 신체 안전의 욕구
- 식욕 및 수면 등의 생리적 욕구

인간은 우선 생리적 욕구를 채우고 나서 점차 고차원적인 욕구를 실현하려 합니다.

존경의 욕구

5단계 중 상위에서 두 번째 욕구.

존경의 욕구는 결코 저차원적인 욕구가 아닙니다!

고차원적인 욕구란

위로 갈수록 창조성과 가능성이 중시된다.

고차원적인 자아실현의 욕구는 타인의 평가나 인정과는 무관해지지요.

이전의 정신분석학이나 심리학에서는 정신 장애나 행동만을 다루는 경향이 있었습니다.
저는 실사회를 살아가는 인간의 심리를 규명하려 했지요.

다스 만

일상성에 매몰되어 주변과 똑같이 행동하면서
자기 본래의 모습을 잃게 되는 인간을 뜻하는 말이다.

다스 만

주변에 동조하느라
본래의 자신을 잃게 된
상태!

주변의 인정을
받으려다 보니
그 누구도 아닌
존재가 됩니다.

눈에 띄지 않게
살아야지……

세간

일상성

죽음으로의 선구

다스 만에서 벗어나려면……

죽음의 가능성을
직시해서 한 번뿐인
유한한 인생을
자각하는 겁니다!

언젠가 난 죽겠지!
내 인생에는 반드시
끝이 찾아올 거야.

똑바로
살아야지!

죽음

반드시 찾아옴

죽음의 가능성은 자기 생의 끝을 의식하게 합니다.
자신의 유한성이 지금을 살아가는 나 자신(실재)을 자각하게 하는 것이지요.
죽음은 누구도 대신할 수 없습니다. 그것을 자각하고, 자기 본래의 삶을 살아나가야 합니다.

더 알고 싶은
철학자 도감 10

에밀 시오랑

Emil Cioran
(1911~1995)

루마니아의 작가이자 사상가. 20대에 프랑스로 이주한
뒤 스스로를 '무국적자'라 칭했다. 우울증과 불면 등의
정신적 고통에 시달리면서도 이를 바탕으로 독자적인
니힐리즘을 주장했다. 주요 저서로는 《절망의 끝에서》,
《기만의 서Le livre des leurres》,《태어났음의 불편함》 등이
있다.

시오랑은 니체나 파스칼의 영향을 받은 한편, 젊은 시절 루마니아인으로서
민족주의 운동에도 참여했으나 당시 루마니아의 민족주의 운동은 파시즘적,
반유대적이어서 그 점에 관한 후회가 훗날 비관주의로 연결됐다고 한다. '인
간보다 동물로 있는 것이 낫고, 동물보다 곤충으로 있는 것이 낫고, 곤충보다
식물로 있는 것이 낫다'라는 강렬한 인간 부정으로 잘 알려져 있다.

더 알고 싶은
철학자 도감 11

알랭

Alain
(1868~1951)

프랑스의 철학자, 논평가, 도덕가. 본명은 에밀 오귀스트 샤르티에. 인간은 자신의 강한 의지로 선한 판단, 선한 행위를 행했을 때, 구원받는다고 주장했다. 주된 저서로는 《행복론》, 《인간론》, 《예술논집Système des beaux-arts》, 《마르스 : 판가름 난 전쟁Mars, ou La guerre jugée》 등이 있다.

알랭은 철학이나 사상을 체계화하기 싫어하여, 예술이나 도덕 등 다양한 주제에 대해 과거의 예술가나 철학자, 사상가 등 각자의 뛰어난 부분을 제시하고 평가함으로써 이성주의와 합리적인 휴머니즘을 주장했다. 항상 구체적인 것을 논하려 하는 그의 자세는 일관되어 있어서, 제1차 세계대전에서는 '전쟁의 어리석음'을 스스로 체험하기 위해서 입대를 지원했고, 제대 후에는 전쟁을 비판한 《마르스 : 판가름 난 전쟁》을 저술했다.

더 알고 싶은
철학자 도감 12

클로드 레비스트로스

Claude Levi-Strauss
(1908~2009)

프랑스의 문화 인류학자이자 사상가. 유대인 가정에서 태어나 1941년에 미국으로 망명했지만 그 후에 프랑스로 돌아와 콜레주드프랑스의 교수를 맡게 된다. 주요 저서로는 《친족의 기본 구조Les structures élémentaires de la parenté》, 《구조인류학Anthropologie structurale》, 《슬픈 열대》, 《야생의 사고》, 《신화학》 등이 있다.

레비스트로스는 아마존강 유역의 선주민 조사를 통해 공동체 사회의 구조를 고찰했다. 서구 문명의 사고가 추상적인 것에 비해 미개 사회의 사고(야생의 사고)는 경제적이며 구체적이지만, 양쪽 모두 각각의 세계를 체계화하고 질서화한 논리성이 있다고 분석했다. 동시에 서구 사회가 자신들의 문명을 절대시하는 것에 대해 서구의 편협한 자문화 중심주의를 비판했다.

보편적 도덕 법칙에
따르는 것은
인간의 의무입니다!
-칸트

VS

하지만 이 세상은
부조리로
가득하지요…….
- 카뮈

다른 사람과 사이좋게 지내려 애쓰지 않아도 될까?

상담자

솔직히 저는 남들과 잘 어울리지 못해요. 모두와 친하게 지내야만 행복해질 수 있을까요? 다른 사람들과 친하게 지내려 억지로 애쓰지 않는 게 마음은 더 편할 것 같은데요……

사람은 혼자 살 수 없습니다. 하지만 세상에는 나와 맞지 않는 사람도 있기 마련이지요. 현대인에게 이건 매우 절실한 문제입니다. 이 고민에 답변할 사람은 현대의 사상가인 와쓰지 씨와 리스먼 씨입니다. 동서 문화의 차이와도 관계가 있을 것 같군요.

찬반 토론 철학자

네

아니오

데이비드 리스먼
David Riesman(1909~2002)

미국의 사회학자. 성숙한 사회의 인간을 전통 지향형, 내부 지향형, 타인 지향형이라는 세 가지 종류로 분류하려 했다.

VS

와쓰지 데쓰로
和辻哲郎(1889~1960)

일본의 철학자. 서양적 사상과 동양적 사상의 융합을 목표로 한 것으로 잘 알려져 있다. 주된 저서로는 《고사순례古寺巡禮》, 《인간과 풍토》가 있다.

와쓰지 데쓰로

'인간人間'이란 개개인만을 지칭하는 것이 아니라 동시에 인간 간의 관계를 의미하는 말이기도 합니다. 즉, 인간은 '관계적 존재'이며 타인과의 관계를 통해서만 인간으로서 존재합니다. 그래서 유럽 철학에서 흔히 찾아볼 수 있는 개인의 자아에만 주목하는 입장은 이기주의에 빠지기 쉽다고 생각합니다. 그런 의미에서 주변과의 조화를 살피는 것은 중요한 문제겠지요.

리스먼

그렇군요. 그러나 너무 주변을 의식하면 자기 양심을 나침반 으로 삼은 '내부 지향형'의 인생을 부정하는 것이 되지 않겠 습니까? 저는 현대인의 문제점으로 '타인 지향형'에 주목하고 있습니다. 많은 이들이 자기 양심보다는 타인의 행동에 동조 하는 경향을 보입니다. SNS에 글을 올리면서도, 항상 '좋아요' 를 신경 쓰고, '팔로워 수'와 '댓글 수'를 의식합니다. 이런 삶 이 과연 행복할까요?

와쓰지 데쓰로

제가 보기에는 그런 생각이야말로 예부터 이어진 개인과 사 회를 대립시키는 유럽 철학의 폐해인 것 같은데요. 개인과 사 회는 대립하는 개념이 아닙니다. 개인과 사회, 그건 인간이 본 래 가지고 있는 두 가지 측면이 아닐까요? 개개인의 개별성과 사회의 전체성이라는 건 물론 모순되지만, 개인만 생각해서는 이기주의에 빠질 수밖에 없습니다. 반대로 사회만 고려하면 전체주의에 빠지게 되지요. 그런 상호 부정을 반복하면서 관 계성을 향해 가는 것이야말로 '인간의 학學'으로서 윤리의 기 본이 되지 않겠습니까.

리스먼

관계성을 중시한다고 하셨는데, 그런 생각은 타인의 평가를 기준으로 한 인정 욕구를 채우려 드는 '타인 지향형'의 삶과 직결되지 않습니까? 그건 인간 본래의 삶과는 거리가 먼 것으로 느껴지는데요.

와쓰지 데쓰로

아무래도 당신과 저는 '인간 본래의 삶'에 대한 생각이 매우 다른 것 같네요. 저는 인간이 사회에 매몰되어 살아야 한다고 말하는 게 아닙니다. 인간은 각자 독립된 개인인 동시에 사회적 존재라는 것을 이야기하고 싶을 뿐이지요. 앞서 모순이라고는 했지만, 자기와 사회를 함께 의식하여, 단순히 '사람' 그리고 '사회'의 일면만 보는 게 아니라 인간이 가진 이중적 성격을 동시에 봐야 인간의 본질을 이해할 수 있고 세상도 더 좋아지지 않을까요?

리스먼

네, 인간은 사회적 성격을 가진 생물이지요. 그러나 당신의 생각은 관계성이라는 이름 아래, 전체주의로 기울게 될 위험도 있는 것 같습니다. 한편으로 그러한 입장이 도달할 곳은 결국 사회라는 무리를 이루면서 각 개인은 고독하고 고립된 '고독한 군중' 상태밖에 없을 텐데요? 각자의 내면적인 가치관이 존중되지 않으면 결국 사회에 매몰되지 않겠습니까?

와쓰지 데쓰로

물론 저도 전체주의에는 반대합니다. 그러나 인간의 존재를 개인과 사회의 상호작용으로서 충분히 고려하지 않으면, 이것 역시 개개인을 억압하는 전체주의로 이어질 수 있다는 생각이 듭니다. 파시즘이 20세기 중반의 일본 이상으로 독일에서도 큰 세력을 뻗었다는 사실이 그 증거겠지요.

리스먼

제가 태어나 자란 미국에서는 적어도 전체주의나 파시즘이 주류였던 적이 없었습니다. 물론 현대 미국에서 극단적인 사상이 성행하고 그에 따라 국민 분열이 일어나는 것은 상당히 염려스러운 일이지만……

와쓰지 데쓰로

그건 일본도 마찬가지입니다. 참으로 한탄스러울 따름이지요.

리스먼

동의합니다. 전체주의나 분열에 빠지지 않도록 새롭게 사회와 개인 간의 관계를 돌아볼 필요가 있을 것 같군요.

소크라테스

네, 타인과의 관계성을 중시하는 와쓰지 씨, 그리고 그것이 동조 압력으로 이어지는 '타인 지향형'의 문제점에 대해 말씀하신 리스먼 씨 모두 공감하고 참고할 부분이 있는 것 같습니다. '타인과 어울려 사는 일'은 자신을 모두 속에 매몰시키는 것도, 자기 마음대로 행동하는 것도 아닌 것으로 보입니다. 상담자는 '타인과 사이좋게 지낸다'라는 게 무엇인가를 두 분의 논쟁을 통해 잘 음미해 보시길 바랍니다.

와쓰지 데쓰로의 주장

인간은 독립한 개인이자 사회적인 존재이기도 하다. 따라서 타인과의 '관계'를 의식해야 한다.

리스먼의 주장

타인의 시선을 지나치게 신경 쓰는 것은 타인의 기준에 나를 맞추는 '타인 지향형'에 빠지기 쉽다.

● 울타리는 상대방이 만드는 게 아니라 내가 만드는 것이다.

아리스토텔레스

● 산에서 멀어질수록 더욱 그 진짜 모습이 보인다. 친구도 이와 마찬가
지다.

한스 크리스티안 안데르센

● 사교성이 좋다는 건 남을 용서할 수 있다는 뜻이다.

로버트 리 프로스트

관계적 존재

인간은 인간 사이의 관계에서 인간이며, 독립된 존재가 아니라는 생각이다.

관계와 사회

각 개인은 타인이지만,
하나의 사회를 서로
관계함으로써 함께 만드는
존재입니다.

개인과 사회의 균형

개인만 있어도,
사회만 있어도
안 됩니다.

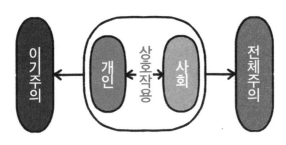

'인간人의 사이間'라고 써서 인간人間이라는 말이 됩니다.
개인주의에 기초한 서양 근대 철학에는 안타깝게도 그런 시점이 부족하지요.
저의 저서 《인간의 학으로서의 윤리학》에서는 조화를 중시하는 일본의 전통을 매우 권장하고 있지요.

고독한 군중

현대 사회에서는 타인의 의견에 따라 행동하는 타인 지향형 인간이 많다는 생각이다.

인간의 사회적 성격

전통 지향형　　사회의 전통이나 관습을 중시.

내부 지향형　　자기 내면적인 가치를 중시.

타인 지향형　　타인의 의견에 동조.

현대 사회에서는 타인 지향형 인간이 많아지고 있습니다.

고독한 군중

현대인

대중사회 속에 고립

고독 불안

타인에 의한 인정을 바란다.

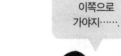

다들 간다니까 이쪽으로 가야지……

타인의 의견과 평가에 맞춰 살아간다.

제가 말하는 '고독한 군중'은 하이데거 씨의 '다스 만'과도 통하는 생각입니다.
동조 압력의 문제점이 부각되는 현대에서는 타인 지향형의 폐해를 실감하는 사람도 많지 않을까요?

5장 | 세상

왜 사람을 죽이면 안 되냐는 질문에 설명할 말이 있을까?

상담자

얼마 전에 아이가 왜 사람을 죽이면 안 되냐고 물었습니다. 순간 저는 당황하여 살인은 나쁜 거고 그런 생각은 하지 않았으면 좋겠다고 얼버무렸지만, 납득한 기색은 아니었습니다. 저, 이런 질문이 좀 그렇지만… 왜 사람을 죽이면 안 되요? 아이에게 설명할 말이 있을까요?

다소 과격한 질문처럼 보이지만, 아이의 시선에서는 당연한 것이 없지요. 부모 입장에서는 무척 당혹스러웠을 것 같습니다. 물론 상담자뿐 아니라 누구도 이에 대답하기란 쉽지 않을 것 같지만요. 이 난문에 관해 토론을 벌이는 철학자는 근대 철학의 아버지인 칸트 씨와 《이방인》으로 유명한 카뮈 씨입니다. 과연, 이 난문을 풀 힌트가 있을까요?

찬반 토론 철학자

네

VS

아니오

임마누엘 칸트
Immanuel Kant (1724~1804)

독일의 철학자. 1781년의 저서 《순수이성비판》으로 그때까지의 경험주의적 철학계의 사상을 크게 바꿨다.

알베르 카뮈
Albert Camus (1913~1960)

프랑스의 소설가이자 철학자. 《이방인》으로 유명한데, 부조리의 이해가 인생을 살기 위한 첫걸음이라고 주장했다.

칸트

제 대답은 '당연히 안 되는 일이므로 안 된다'입니다. 인간은 태어나면서 쾌락에의 경향성을 가지고 있지만, 선천적으로 선을 행하려 하는 도덕적인 의지 능력인 '실천이성'도 갖춘 존재입니다. 이성이 명령하는 보편적인 도덕 법칙을 따르는 것은 인간의 의무이며 선한 상태라 할 수 있지요. 이 도덕 법칙은 어느 시대든, 어떤 사람이든 당연히 따라야 하는 '당위'로서, 이유를 갖다 붙이지 않아도 지켜져 왔던 것입니다. 따라서 왜 사람을 죽이면 안 되냐는 질문에 인간의 의무라고 설명할 수 있겠네요.

카뮈

칸트 씨의 말씀처럼 많은 사람들이 사물의 도리나 따라야 할 이치인 '조리條理'를 요구하긴 하지만, 제가 보기에 인생에 조리 따위는 없습니다. 세계는 인간과 전혀 상관없이 그저 우연히 그곳에 있을 뿐이니까요. 그리고 세계가 인간의 의지나 갈망 등과 무관계하게 존재하는 이상, 인간은 항상 부조리에 노출되어 있습니다. 살인을 권하려는 건 결코 아니지만, 세상에는 살인이라는 부조리 또한, 그 자체에 아무런 의미와 유익성도 갖추지 못한 채 그저 존재합니다. 그건 사실로서 인정할 수밖에 없지요.

칸트

인간의 감각은 본래 무질서한 것이기에, 이성으로 개선하려는 노력을 하지 않으면 결국 진리의 부정에 도달하게 됩니다. 20세기를 살았던 당신은 인생에 조리가 없다는 말로 어떤 일종의 자유를 얻었다고 생각하시는지 모르겠지만, 자기 자신을 규제하면서 조리를 찾아내지 않는 그런 사고방식에는 인격의 존엄 따위는 존재하지 않아요. 이성에 의한 도덕 법칙에 스스로 적극적으로 따르는 자세야말로 진정한 '자유'이고, 그렇게 살지 않는다면 인류가 평화에 도달하기란 영원히 요원한 게 아닐까요?

카뮈

제가 인생에서 의미를 찾으려 하지 않는다고 해서 그게 허무적이라고 생각하진 않으셨으면 좋겠습니다. 제가 하고 싶은 말은 인생이 아무리 부조리로 가득 차 있는 무익한 것이라도 거기서 눈을 돌리지 말고 운명을 직시하며, 인생에 의미를 따지지 말되 부조리한 운명을 안고 살아가자는 뜻입니다. 그것이야말로 인생에 대한 성실함 아니겠습니까?

칸트

그렇군요. 설명을 들으니 말씀하신 의도는 이해가 갑니다만, 그래도 역시 살인을 어느 정도 인정하는 입장에는 찬성할 수 없습니다. 선의지에 기초한 도덕은 인류의 보편적 법칙이자 거기에 살인을 허용할 여지는 존재하지 않으니까요.

카뮈

여기서 저의 《이방인》이라는 소설의 한 구절을 소개하겠습니다. 주인공 뫼르소는 재판에서 사람을 총으로 사살하게 된 동기에 대한 물음에 '태양이 눈부셔서'라고 대답하고 사형을 선고받습니다. 그는 죽음을 두려워하지 않고 사람들의 비난 세례를 받으면서 사형당하는 것을 최후의 희망으로 삼지요. 겉으로 보기에는 매우 부조리하지요? 하지만 이걸 악이라고 할 근거나 조리는… 없지 않습니까?

칸트

잠깐만요! 그런 이기적인 살인이 용인된다면 지금의 이 세상은 파멸할 수밖에 없습니다. 어느 시대든 사람을 죽이면 안 된다는 게 당연한 도덕 법칙으로 지켜졌기에 지금의 세계가 존재하는 게 아닙니까?

카뮈

저는 딱히 악을 권장하는 게 아닙니다. 그저 부조리를 직시하면서도 현실을 살아가는 자세 없이는 복잡하고 혼돈에 찬 현대를 살아가기 어렵다는 것이지요.

소크라테스

거기까지! '사람을 죽이는 것은 무조건 안 된다'라고 말하는 칸트 씨에 대해 '인생에는 설명하기 힘든 부조리한 상황도 존재한다'라고 반박하는 카뮈 씨. 두 사람의 논의에서 알 수 있듯 '왜?'에 대한 명확한 답을 찾기는 어렵습니다. 다만 칸트 씨의 말처럼 최소한의 지켜야 할 인간 본연의 자세를 탐구해 나가다 보면 역시 살인을 정당화하기는 어렵겠지요. 우리는 이런 당연한 것 또한 생각하고 음미해야 한다는 점을 잊어서는 안 되겠습니다.

정리

카뮈의 주장

인생에 조리는 존재하지 않고, 세상은 부조리로 가득 차 있다. 살인이 악이라고 할지라도 그게 무의미하면서 무익하게 그저 이 세상에 존재하는 것 자체는 인정해야 한다.

칸트의 주장

인간은 태어나면서 이성(실천이성)을 갖추고 있다. 이성이 명하는 도덕 법칙에 따르면 살인은 절대로 인정할 수 없다.

● 사람 한 명을 죽이는 데 비할 만한 사상 따위는 없다.

몽테뉴

● 살인을 기꺼워하는 사람은 인생의 목적에 도달할 수 없다.

노자

● 전쟁은 사람들을 죽입니다. 그걸 올바르다고 여기는 사람이 있을까요?

마더 테레사

부조리

인생이나 세계에는 아무런 조리도 없이,
그저 우연히 존재하는 모순으로 가득 차 있다는 생각이다.

세상은 부조리 그 자체이므로, 무의미하고 무익한 것입니다.
따라서 인생에 의미를 따지지 말고, 절망적인 운명을 뛰어넘어 최선을 다해 살아가는 것이
훌륭한 삶의 태도이지요.

선의지

인간이 의무로서 이성이 명하는 도덕 법칙에 따라 항상 선을 행하려는 의지를 뜻한다.

자기 내면에 있는

실천이성 → 명령한다 → 도덕 법칙 ▪ ▪ ▪ ▪ ▪ 의무로서 따른다 → 선의지

무조건으로 선한,
의지의 형태

우리 내부에 있는 이성이
명령하는 도덕 법칙에 예외 없이,
다시 말해 의무적으로 따르면
선의지가 유지될 수 있습니다.

동기설

행위의 선악은
그 결과가 아니라
선의지에 기초하는가에
따라 달려 있습니다.

동기
마음을
표현해야 해.

동기
나중에 이득을
볼 수 있어.

선의지라면 ○   결과를 중시하면 ×

인간은 선천적으로 선을 행하려 하는 실천이성을 가지고 있어서,
도덕 법칙에 따라 이뤄지는 행위야말로 인간의 선입니다.
살인은 결코 용납될 수 없어요!

납득할 수 없는 사회 규범은
무시해도 될까?

고민 내용

상담자

사회 규칙이나 세간의 상식은 어떤 일이 있어도 꼭 지켜야 하나요? 살다 보면 의미를 알 수 없는 불문율이 상당히 많은 것 같아요. 그런 걸 꼭 철저히 지키고 받아들일 필요는 없지 않나요?

그렇군요. 말씀대로 시대나 지역이 바뀌면 상식과 법률도 달라지지요. 그렇게 생각하면 사회 규범이란 게 절대적이지 않은 거 같지만……. 이 주제에 대해서는 다시 등장한 예수 씨와 현대 프랑스의 대표 철학자 푸코 씨가 말씀해 주시겠습니다!

찬반 토론 철학자

네

아니오

VS

미셸 푸코
Michel Foucault(1926~1984)

20세기 프랑스를 대표하는 철학자이자, 니체에 큰 영향을 받은 그의 생각은 포스트구조주의로 인정되고 있다.

예수
(기원전 6년경~30년경)*여러 설이 있음

팔레스타인 선교사. 유대교 학자의 반발로 인해 처형당한다. 그의 가르침이 제자들에 의해 전파되어 그리스도교가 만들어졌다.

예수

저는 유대교의 세례를 받아 종교 활동을 시작했습니다. 당시 유대교의 바리새파는 율법을 엄격히 지키려는 입장이었는데, 이는 형식만 갖춘 공허한 율법주의로 전락하여 신의 의지와 상관없는 빈 껍데기가 되고 말았습니다. 그래서 저는 바리새파를 비판하는 입장에 서게 됐지요.

푸코

하지만 안타깝게도 당신의 사후에 퍼진 그리스도교도 오랜 세월을 거치면서 권력화하고, 그 규범에서 벗어난 자는 제압하여 배제하는 일면을 가지게 됐지요.

예수

그 점에 대해서는 인정하지 않을 수 없군요. 현대까지 신자들 사이에서 교의를 두고 불필요한 싸움과 탄압이 일어났던 건 사실이지만, 마녀사냥이나 종교 전쟁 같은 것은 애당초 저의 가르침과 거리가 먼 것이라고밖에 할 말이 없습니다. 그러나 원래 제가 논했던 건 매우 간단했습니다. '우리의 주님이신 하나님을 사랑하라'라는 것과 '나를 사랑하듯 네 이웃도 사랑하라'라는 것이었지요. 그 외에도 여러 가지가 있지만, 이 두 가지 사랑의 가르침만은 무슨 일이 있어도 지켜야 한다는 게 규칙입니다.

푸코

저는 동성애자이며, 그래서 그리스도교 도덕이 지배하는 유럽 사회에서는 평생 이단자 취급을 받았습니다. 그리고 어떤 사회이든 간에 규범 체계는 내부에서 인간을 구속하고, 규범에 맞지 않은 자를 '광기'로 보고 배제해왔지요.

소크라테스

푸코

좀 더 말씀해 주시겠습니까?

제가 분석한 바에 따르면, 시대마다 상식의 전제이자 지식의 뼈대라 할 수 있는 '에피스테메epistēmē'가 존재합니다. 이런 상식이나 사회 규칙은 권력에 매우 유리하게 작용한 것이었지요. 권력은 사형이나 감옥과 같은 제도를 이용하여 자신들의 입장에 나쁜 것을 배제하려 합니다. 구체적인 법 제도만이 아니라 상식이나 '일반적으로는 이렇다'라는 말로 사람들을 두렵게 하고 지배하는 상황은 지금도 여전합니다. 중요한 건 자신이 주체가 되는 삶이지요.

예수

그렇군요. 역시 상식을 있는 그대로 받아들일 게 아니라 무엇이 올바른지 음미하고 검토하는 게 중요할 것 같군요. 저도 당시 바리새파라는 권력과 싸웠습니다. 그리고 신의 가르침의 본질은 '신의 사랑(아가페Agape)'에 있다는 믿음에 이르렀지요.

푸코

실례지만 저와 같은 동성애자만이 아니라 다양한 소수자들이 이후의 그리스도교 공동체에 받아들여지지 않고 무시당하며 사회 밖으로 내몰렸습니다. 물론 공교롭게도 그게 제 사색의 원점이 됐지만요…….

예수

참으로 안타까운 일이로군요. 성적 소수자를 포함한 다양한 사람들 역시 신께서 만드신 창조물이자 평등하게 천국으로 들어갈 자격이 있다는 건, LGBTQ●에 대한 이해가 많이 진전된 오늘날이라도 그 인식이 충분하다고 말하긴 어렵겠네요.

푸코

제가 살았던 20세기에 그런 말을 해주신 분이 있었더라면 얼마나 좋았을지. 설령 그렇다 하더라도 세상의 권력이 강제하는 규범이나 사회에 의해 강요된 상식이 억압과 배제의 원인이 되고, 이를 의심하여 나 자신의 규범으로 살아가자는 생각에는 변함이 없을 것입니다.

소크라테스

네, 그리스도교 신앙의 대원칙인 중요한 규칙은 무슨 일이 있어도 지켜야 한다는 예수 씨지만, 그런 그도 당시의 바리새파가 율법을 그저 형식적으로 지키는 태도를 비판했군요. 푸코 씨도 지금 있는 상식을 끊임없이 의심했습니다. 저는 음미하지 않는 인생은 무가치하다고 생각합니다. 지금 있는 상식에만 얽매이지 말고, 다시 한번 자신의 머리로 생각하고 음미해 나가는 것, 상담자도 꼭 실천해 보세요.

● Lesbian(여성 동성애자), Gay(남성 동성애자), Bisexual(양성애자), Transgender(성전환자), Queer(성 소수자 전반), Questioning(성 정체성에 관해 갈등하는 사람)의 약자.

예수의 주장

규칙을 형식적으로 지키는 것이 아니라 그 규칙의 본질을 이
해해서 진심으로 지켜야 한다.

푸코의 주장

사회 규칙이나 상식은 권력에 있어 유리한 것에 불과하다.

● 상식은 그다지 상식적이지 않다.

볼테르

● 철학은 상식을 어려운 말로 표현한 것에 불과하다.

괴테

● 상식은 좋은 것이다. 이를 따라야 한다. 하지만 상식은 10년마다 비약한다.

다자이 오사무

두 가지 규칙

신의 의지를 실현하기 위해 예수가 율법 중에서 가장 중요하다고 본 두 가지 가르침이다.

바리새파 사람

예수여, 율법 중에서 무엇이 가장 중요합니까?

거기엔 두 가지가 있습니다.

마음을 다해, 정신을 다해, 생각을 다해 우리 주님이신 하나님을 사랑하세요

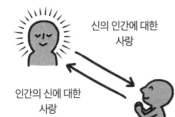

신의 인간에 대한 사랑

인간의 신에 대한 사랑

첫 번째 규칙이 이것입니다. 인간은 하나님의 사랑에 답해야 하지요.

나 자신을 사랑하는 것처럼 당신의 이웃을 사랑하세요

이웃이란?

모든 사람이 당신의 이웃입니다.

만난 모든 사람에게 손을 내민다.

진정 중요한 것은 이 두 가지입니다. 입법과 예언 모두가 이 두 가지에 달려 있지요.
모든 사람을 사랑하시는 하나님을 인간도 사랑할 것, 그리고 하나님처럼 모든 사람을 사랑하는 것입니다.

푸코의 생각

근대 비판

유럽의 근대 사회에서 권력이 인간을 틀에 맞춰 지배해 왔음을 비판하는 생각이다.

광기

이쪽은 제정신.

이쪽은 광기.

권력에 안 좋은 것은 배제되어 왔습니다.

지식

지식

군대 감옥 학교 공장 병원 재판소

모두 인간을 틀에 넣어 규격화하는 장치입니다.

불필요한 사회 규범에 구속된 자아를 해방해야 해요!

권력에 복종한 자들이 사회를 장악하고, 소수파를 박해하는 시대는 이제 질렸습니다.
오늘날의 BLM*이나 #Me Too와 같은 운동이 그걸 상징하는 게 아닐까요?

● '흑인의 목숨도 소중하다Black Lives Matter'라는 뜻으로, 2012년에 시작된 흑인 민권 운동.

자기희생은 옳기만 한 일일까?

고민 내용

상담자

회사에 다른 사람들의 일까지 떠맡아 항상 야근하는 사람이 있어요. 대단하다 싶다가도 한편으로는 그런 자기희생적인 행동이 정말 좋기만 한 것인지 의문이에요. 그건 결국 누군가가 손해 보는 일이 아닌가요?

예부터 오늘날인 현대까지 자기희생은 미담으로 다뤄질 때가 많지요. 그러나 그 자세는 정말 좋은 것일까요? 그럼 석가모니 씨와 예수 씨, 대종교의 개조開祖인 두 분에게 이 주제에 대해 이야기를 들어봅시다.

찬반 토론 철학자

네

VS

아니오

예수
(기원전 6년경~30년경)*여러 설이 있음

팔레스타인 선교사. 유대교 학자의 반발로 인해 처형당했다. 그의 가르침이 제자들에 의해 전파되어 그리스도교가 만들어졌다.

석가모니
(기원전 565년경~기원전 486년경)
*여러 설이 있음

현재의 네팔 남부의 왕족으로 태어났으나 29세에 출가했다. 고행 끝에 35세에 깨달음을 얻고, 각지에 가르침을 설파했다.

예수

저는 인간의 죄를 참회하기 위해 십자가에 매달려 죽었습니다. 저의 이 십자가에서의 죽음을 훗날 제자들은 '신이 자기 아들을 바쳐 인류의 원죄를 속죄했다'라고 해석했지요. 즉, 저의 죽음은 신의 자기희생이자 그에 따라 인간의 원죄가 소멸했다는 뜻과 같습니다. 자기희생은 사랑의 형태라고 할 수 있지요.

석가모니

대단한 해석이네요. 다만 사람들을 위해 자기 목숨을 내던지는 게 과연 좋기만 한 일일까요?

예수

아무래도 석가모니 씨는 반대의 뜻을 갖고 계신 모양이군요. 좀 의외인데요…….

석가모니

저는 세상이 상호의존적으로 성립되어 있다고 생각합니다. 그게 무슨 뜻이냐면, 내가 없으면 당신도 없다. 이 순간 서로의 관계가 없으면 세상은 성립되지 않는다는 것이지요. 이런 사고방식이 '인연생기因緣生起'라고 하며 줄여서 '연기'라고 합니다. 따라서 누군가의 불행을 밟고 다른 사람이 행복해지는 삶은 존재하지 않지요. 당신은 자기희생으로 세상이 구원받았다고 하는데, 당신이야말로 이 세상에서 희생당한 것 아닙니까?

예수

그건 제가 신의 아들이라는 의미에서 조금 입장이 다릅니다. 저의 자기희생은 제가 십자가에 걸려 사람들의 죄를 대신함으로써 인류를 죄에서 해방시킨다, 즉 인간에 대한 하나님의 크나큰 사랑의 상징이지요.

석가모니

예수

… 아하 신의 아들의 입장도 쉽지가 않군요.

하지만 석가모니 씨도 전생에 토끼였을 때 수행 중이었던 늙은 탁발승이 굶주리지 않도록 스스로 불에 뛰어들어 자신의 고기를 먹게 했다는 일화가 유명하지 않습니까? 그것 역시 궁극의 자기희생일 것 같은데요.

석가모니

아아, 그 얘기를 알고 계시군요. 하지만 그건 당신의 자기희생과는 좀 다릅니다. 토끼, 그러니까 전생의 제가 스스로 불에 뛰어든 것은 저 자신을 희생해서 굶주린 탁발승을 구하기 위함이 아니었습니다. 저는 그 누구에게도 자살을 권하지 않으니까요.

예수

그럼 그 이야기는 어떤 의미가 있는 건가요? 자세히 말씀해주세요.

석가모니

저의 전생록이라고 할 수 있는 《자타카》에 있는 그 이야기는 모든 생물이 다른 생물의 생명을 빼앗음으로써 자기 생명을 이어가고 있다, 다시 말해 모든 생명은 이어져 있다는 의미를 담고 있습니다. 그 섭리를 아는 토끼는 자신을 탁발승에게 바치는데, 그건 오히려 생명을 함부로 대하지 말라는 의미를 내포하고 있습니다. 물론 토끼는 타죽어서 탁발승에게 잡아먹혔지요. 하지만 그건 자기희생이 아니라 생물을 무의미하게 죽게 하지 말라, 생물의 목숨을 자비롭게 여기며 그 생명을 받아살아간다는 관계성을 상징합니다.

예수

그렇군요. 그리스도교에도 불교에도 불살생의 계율이 있지만, 지금 말씀대로 사실상 인간은 누구든 다른 동물의 목숨을 빼앗지 않고서는 살아갈 수 없지요.

석가모니

맞습니다. 따라서 죄송하지만 저는 자기희생에는 기본적으로 반대하는 입장입니다.

예수

불교와 그리스도교 모두 교의에 공통점도 많은 듯하지만, 다신교와 일신교라는 근본부터 다르기도 하고 사고방식도 여러 차이가 있으니 어쩔 수 없는 부분인 것 같군요.

소크라테스

예수 씨의 자기희생에는 사람들의 죄를 대신하여 인류를 죄에서 해방하고자 하는 신의 위대한 의지가 담겨 있었던 것이군요. 한편 석가모니 씨의 세계는 관계성으로 성립되어 있다는 이야기도 참으로 흥미로웠습니다. 상담자는 자기희생보다는 서로를 행복하게 하는 윈윈win-win의 인생을 걷길 바랍니다.

석가모니의 주장

이 세상은 상호의존적인 관계성으로 이루어져 있다(연기). 거기에는 자신의 생명을 소중히 하는 것도 포함되어 있으므로 자기희생은 권하지 않는다.

예수의 주장

자기희생은 궁극적인 사랑의 형태다.

● 자기희생은 미덕의 조건이다.

아리스토텔레스

● 자기희생은 법률로 막아야 한다. 자기 자신을 희생함으로써 주변을 타락시키고 만다.

오스카 와일드

● 사랑은 자기희생이다. 이것은 우연에 의지하지 않는 유일한 행복이다.

레프 톨스토이

자비와 오계五戒

불교의 명상 대상 40종 중, 특히 잘 알려진 것이 '자慈'와 '비悲'다.
한편 계율 중 재가신자도 지켜야 하는 다섯 가지가 오계다. 모두 불교의 기본이다.

자비

모든 생명에 대해 안락을 주고, 괴로움을 없애는 일.

자(마이트리) 즐거움을 준다.

비(카르나) 괴로움을 없앤다.

타인이란 동물이나
식물 등 모든 생물을
포함합니다.

불교의 오계

불교 재가신자도 지켜야 할 다섯 가지 계율.

가장 기본적인 것이
이 다섯 가지입니다.

불살생계不殺生戒 산 것을 죽여서는 안 된다.

불투도계不偸盜戒 도둑질해서는 안 된다.

불사음계不邪淫戒 음란한 행동을 해서는 안 된다.

살생이
1순위에
해당하지요.

불망어계不妄語戒 거짓말을 해서는 안 된다.

불음주계不飮酒戒 술을 마셔서는 안 된다.

생물에 대한 자비가
가장 중요합니다.

인간은 다른 생물의 생명을 빼앗지 않으면 살아갈 수 없습니다.
그렇기에 생명을 함부로 대하면 안 된다는 것을 명심하고 살아야 하지요.
자기희생도 자신의 생명을 가벼이 여기는 것과 같지 않습니까?

속죄

예수가 십자가에서 희생이 됨으로써 인간의 죄가 씻겨졌다는 생각이다.

※실제로 제가 말한 것은 아니지만…….

예수의 십자가에서의 죽음

신

사랑과 용서

예수의 죽음

구원받은 인류

예수의 부활 후

바울

예수의 죽음은 우리 인류의 죄에 대한 속죄였다!

그리스도교의 성립

예수의 가르침을 널리 퍼트려야 해!

순교

선도를 위한 여행

제가 십자가에 매달려 죽었다가 다시 부활했을 때 독실한 유대교 교인이었던 바울이
신앙에 눈을 떠 하나님의 복음을 세상에 전파하게 됐습니다.
그리고 그리스도교는 세계적 종교가 되었지요.

5장 | 세상

차별이나 편견을 없앨 수 있을까?

상담자

사회에 나가도 학창 시절처럼 동료를 괴롭히는 사람이 있어서 깜짝 놀랐습니다. 나와 다른 사람을 배제하려는 마음은 인간에게 갖춰진 본능 같은 것인가요? 차별이나 편견을 없앤다는 것이 가능할까요?

상담자의 말씀대로 집단은 전체와 색이 다른 이색분자를 없애려는 경향이 있습니다. 편견에 기반한 차별은 없애기 어려운 것일까요? 카스트 제도가 여전히 남아 있는 인도에서 가장 오래된 종교인 브라만교 사제와 영국의 공리주의 철학자 밀 씨의 이야기를 들어봅시다.

찬반 토론 철학자

네

아니오

VS

존 스튜어트 밀
John Stuart Mill(1806~1873)

영국의 철학자. 정부에 의한 시민의 억압보다 시민끼리의 억압이 근대 사회에서 더 문제가 되고 있다고 주장했다.

브라만교(브라만)
婆羅門教

인도 최고最古의 종교 중 하나. 당시의 신분제에서도, 바르나의 최고 계급인 브라만(사제)들이 제사 등을 독점했다.

브라만

제가 이 자리에 불려 나온 게 바로 그것 때문 아닙니까? 학교에 흔히 있는 '스쿨 카스트'의 어원이 우리 브라만교의 카스트 제도에 유래해 있으니까요. 참 안타깝습니다. 우리 아리아인의 카스트 제도는 각각의 직업적 역할에 따른 신분 제도일 뿐입니다. 요즘 젊은이들이 말하는 '인싸'니 '아싸' 같은 엉성한 분위기에 기초한 차별적 구조를, 이와 관계도 없는 아리아인의 세습 카스트와 연관 지어 집단 괴롭힘을 긍정하는 도구로 사용하지 않았으면 좋겠습니다.

밀

매우 불쾌하신 모양입니다.

브라만

당연하지요. 세습에 의한 엄격한 신분제인 카스트 제도를 학급 내의 질서 같은 것과 안일하게 비교하다니 참으로 언짢습니다.

밀

하지만 어느 쪽이든 간에 집단, 물론 브라만교가 지배했던 인도의 사회 전체와 학급은 규모 자체가 너무나 다르긴 하지만, 어쨌든 간에 다수파가 특정한 소수파를 억압하고 공격하는… 다시 말해, 이 경우에는 차별이 발생한다는 뜻이 되는데, 그 메커니즘만큼은 공통되지 않습니까? 다수파란 자기들과 다른 소수파를 어리석다고 규정하고 그 편견 아래에서 공격하니까요.

브라만

차별과 편견을 전년적으로 긍정할 뜻은 없지만, 어떤 현상에는 반드시 원인과 결과라는 법칙이 작용하는 법입니다. 우리는 이걸 '윤회'라고 부르지요. 현세에 태어난 건 전생에 쌓은 카르마의 결과, 즉 인과응보이자 전생의 행동이 원인이 되어 그 신분으로 태어나는 것입니다. 그런 관점에서 보자면 하층민이 차별받는 건 원인과 결과에 따른 것이겠지요.

그 말씀을 이 문제에 적용해 보면 '편견을 사고, 차별을 받는 쪽에도 문제와 원인이 있다'라는 이야기로 연결되는군요. 죄송하지만, 현대에는 그런 생득적인 신분 차이를 대다수 문명 국가에서 완전히 부정하고 있습니다. 다수파가 제멋대로 설정한 규칙에 따라 소수파를 배제하려는 것은 '사회적 전제專制'이며 그건 악몽에 불과합니다. 그런 사회를 저는 '디스토피아'라고 합니다.

물론 차별과 편견에는 반대합니다. 그래서 최종적으로는 이런 원인과 결과에 지배되는 '윤회'에서 해방되고 싶다고 생각합니다. 이 윤회에서의 해방, 즉 '해탈'이 바로 신앙의 목표지요. 즉, 집단 괴롭힘이 생기는 건 윤회의 세계에서는 있을 수 있는 일이지만, 우주의 원리(브라흐만, 범梵)와 개인의 실체(아트만, 아我)가 동일하다는 사실(범아일여梵我一如)을 깨달아 거기서 벗어나자는 겁니다.

전 잘 이해되지 않는군요. 좀 더 현실적으로 생각해 보세요. 왜 소수파가 어리석다는 취급을 받는가. 그건 바로 다수파와 다르기 때문입니다. 예를 들어, 긴 바지를 입을지 말지를 가지고 생각해 봅시다. 만약 사회에서 딱 한 명만 긴 바지를 입는다면 소수파라며 배제되기에 십상입니다. 그러나 학급 학생 대부분이 긴 바지를 입으면 어리석다고 보지 않아요. 따라서 다수파는 소수파의 행위를 어느 정도 허용하는 것이 중요합니다. 단, '제삼자에게 위해를 가하지 않는 범위'에서 허용해야 한다는 점이 핵심이지요. 제삼자에게 위해가 가해지지 않는 한, 어리석은 행위로 취급되는 부분도 포함해서 개성으로 존중해야 합니다. 이런 다양성을 서로 인정하는 것이 문제 해결로 이어지지 않겠습니까?

브라만

그건, 이상론처럼 들리는군요. 인간이 그렇게까지 자유롭고 평등한 존재입니까? 역시 다양한 신분이 있고 차이가 있는 편이 더 당연해 보이는데요?

소크라테스

자자, 거기까지! 역시 살았던 시대가 너무나도 다른 두 사람이라서 주장도 많이 엇갈리는군요. 인도에서는 지금도 카스트가 남아 있는 한편, IT 업계 등에서는 예부터 내려온 세습적 직업이나 신분과는 상관없이 능력 지상주의 바람이 불고 있다고 합니다. 그러나 어떤 이유에서든 차별과 편견은 있어서는 안 되겠습니다. 상담자 역시 차이를 인정하는 것부터 시작하는 게 어떨까요?

브라만의 주장

차별이나 편견의 인과관계를 생각해 볼 수 있다.

밀의 주장

다수나 강자가 소수파와 약자를 일방적으로 억압해서는 안된다. 타인에게 위해를 가하지 않는 범위 내에서는 다양성을 인정하는 것이 차별이나 편견 문제 해결로 이어진다.

● 다수파는 항상 틀리다.

마크 트웨인

● 모두가 다 같이
눈에 보이지 않는 바늘로
서로를 괴롭히는
세상이다.

다케우치 고조

● 인간은 종종 불합리하고 자기중심적입니다. 그래도 용서하세요.

마더 테레사

브라만교

고대 인도를 지배한 아리아인의 종교. 후에 인도의 민간 신앙 등과 섞여 힌두교가 됐다.

자연신을 숭배하는 다신교

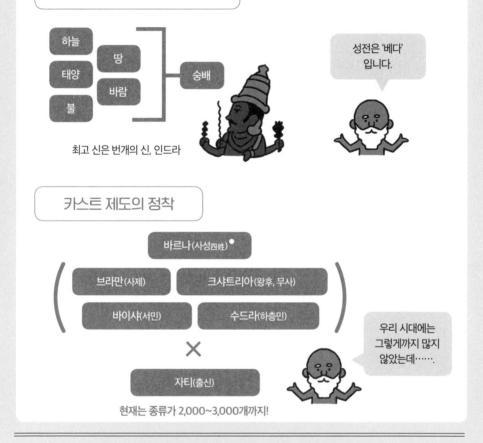

하늘
태양
불
땅
바람
→ 숭배

성전은 '베다' 입니다.

최고 신은 번개의 신, 인드라

카스트 제도의 정착

바르나(사성四姓)

브라만(사제)
크샤트리아(왕후, 무사)
바이샤(서민)
수드라(하층민)

×

자티(출신)

현재는 종류가 2,000~3,000개까지!

우리 시대에는 그렇게까지 많지 않았는데…….

인도가 아닌 서쪽으로 이동한 아리아인은 현재 유럽인의 원류가 됐습니다.

그 후에 히틀러가 아리아 인종 우위성을 주장하며 유대인을 박해했다고 하는데 다들 왜 이러는지…….

● 네 가지 계급을 가진 카스트 제도를 사성제라고도 부른다.

질적 공리주의

쾌락에는 질적인 차이가 있고, 인간은 그 존엄에 어울리는 최상의 쾌락을
추구해야 한다는 생각이다.

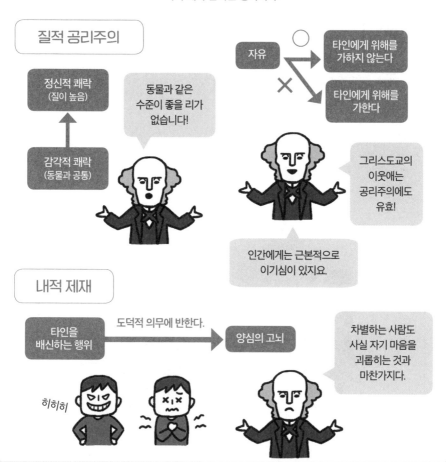

질적 공리주의

정신적 쾌락
(질이 높음)

동물과 같은
수준이 좋을 리가
없습니다!

감각적 쾌락
(동물과 공통)

자유

타인에게 위해를
가하지 않는다

타인에게 위해를
가한다

그리스도교의
이웃애는
공리주의에도
유효!

인간에게는 근본적으로
이기심이 있지요.

내적 제재

타인을
배신하는 행위

도덕적 의무에 반한다.

양심의 고뇌

차별하는 사람도
사실 자기 마음을
괴롭히는 것과
마찬가지다.

히히히

5장 | 세상

'만족한 돼지보다 불만족한 인간이 되는 편이 낫고,
만족한 바보보다 불만족한 소크라테스가 되는 편이 낫다.'
더욱 고차원적인 쾌락을 선택하여 도덕적으로 고통을 느끼는 행위만은 피해야 합니다.

사사건건 대립하는 부부, 싸우지 않는 방법은 없을까?

고민 내용

상담자

배우자와 연애할 때도 좀 다투기는 했지만, 결혼하고 나서는 정말 싸우지 않고 넘어가는 날이 없습니다. 너무 괴로워서 주변에 하소연해 보지만, 원래 그런 거라며 웃어넘기네요. 원래 그런 거라면, 계속 그냥 지금처럼 언쟁을 벌이며 살아야 하는 걸까요…?

예부터 인간이 둘 이상 모이면 대립한다는 말이 있는데, 특히 남녀 간에는 그런 일이 더 많은 것 같습니다. 저도 아내의 잔소리를 귀가 따갑게 들었지요. 여기서 변증법으로 유명한 헤겔 씨와 인도의 대승불교 학자 아승가 씨가 등장하겠습니다.

찬반 토론 철학자

네

아니오

VS

헤겔
Hegel(1770~1831)

독일의 철학자. 사물은 대립을 반복하면서 발전한다고 보고, 대립적 생각을 정리한 '변증법'을 확립했다.

아승가
Asanga(310년경~390년경)

인도의 대승불교 학자. 《화엄경》에 있는 현실 세계는 모든 인간의 마음에 의해 성립된다는 유식론을 발전시켰다.

헤겔

주변 분들의 말처럼 싸움이 잦으면 뭐 어떻습니까. 인간은 지금 있는 입장을 부정하여 더욱 높은 입장을 향해 나아가는 존재입니다. 이런 사고방식을 바로 '변증법'이라고 합니다. 그 언쟁을 통해 더 높은 곳을 향해 가는 거예요. 자신을 부정하는 입장이 나타났을 때야말로 발전의 기회입니다.

아상가

으으음, 다른 입장이라고 하셨는데 저희 대승불교에서는 모든 것이 의식에 의해 세계가 성립된다는 '유식론唯識論'의 입장을 취하고 있습니다. 이 세상에는 실체가 존재하지 않지요. 대립한다는 자기 인식이야말로 대립을 만드는 겁니다.

헤겔

과연 그럴까요? 그 의식도 현실의 역사에 의해 만들어진 게 아닙니까? 현실을, 역사를 한번 살펴보세요. 한 의견이 존재하고, 그를 반대하는 의견이 나타나는 일이 반복되었지요. 이것들은 서로 대비하면서도 낡은 것이 완전히 사라지지 않고 오히려 통일되어 새롭게 변해갑니다. 변증법이란 이걸 '지양止揚(아우프헤벤aufheben)'이라고 부릅니다. 이걸 원동력으로 삼아 인간이 자유를 향해 나아가는 것이 역사의 필연이지요.

소크라테스

자유요…? 아아, 헤겔 씨는 청년기에 프랑스 혁명에 큰 공감을 하고, 독일의 격동적 시대를 살아오셨지요? 자유에 최고가치를 두는 것도 이해가 갑니다. 하지만 그 역사의 필연이라는 것은 대체 무엇이지요?

헤겔

좋은 질문입니다. 그건 바로 '절대정신absoluter Geist'이라는 것으로, 인간 배후에서 인간이 자유를 향하도록 조종하는 존재입니다. 조금 관념적이지만 저는 이 절대정신에 사람들이 조종되어 어떻게든 자유를 목표로 나아가려 한다고 생각합니다. 그렇게 역사가 만들어지는 것이지요.

아승가

정말로 그럴까요? 예를 들어, 싸움도 싸운다는 의식에 의해 생겨나는 겁니다. 헤겔 씨가 변증법으로 세상을 인식하는 것도 헤겔 씨의 의식 문제입니다. 같은 일이라도 자신의 의식에 따라 행불행이 좌우되는 법이지요.

헤겔

하지만 그 의식이 발생하려면 역시 어떤 대상물이 필요하지요. 그런 인간의 의식은 긍정적 측면과 부정적 측면의 관계에 의해 성립됩니다. 변증법은 긍정과 부정이라는 관계를 모두 살피지요. 이제까지 서양의 역사 인식은 하나의 시점만 따로 떼어내기만 하고 관계성은 무시했습니다. 저는 역사나 세계를 관계성이라는 관점에서 재인식하려고 했던 겁니다.

소크라테스

그래요, 제 제자 중에도 그런 사람이 있었습니다. 플라톤이 있었기에 대립하는 아리스토텔레스가 나타난 것이지요.

헤겔

바로 그겁니다! 어떤 사물이나 입장이 존재한다는 건 그것이 부정된다는 뜻이기도 합니다.

아승가

관계성에 착안한 당신의 주장은 잘 알겠습니다. 하지만 긍정과 부정이라는 대립만 고집하는 게 도무지 이해가 안 가는군요. 왜냐면 그 두 가지도 변증법의 세계에서는 서로 연관되어 있으니까요. 아까 소크라테스 씨의 말처럼 플라톤 씨를 부정해서 아리스토텔레스 씨가 나타난 거라면, 또 아리스토텔레스 씨를 뛰어넘으려고 신학神學이 나타나겠지요. 이렇게 결국 빙빙 도는… '의식'의 문제가 아닐까요?

소크라테스

자자, 다시 원래 주제로 돌아갑시다. 상담자의 고민에 대해 두 분의 사상을 기초로 어떤 조언을 해주시겠습니까?

헤겔

자유로워지기 위해서는 싸움도, 부정도 두려워하지 말아야 합니다!

아상가

세상은 '의식'일 뿐이니 자신이 그 싸움을 어떻게 받아들이는가가 중요합니다.

소크라테스

세상의 대립은 자유를 위해서고, 모순되는 것끼리도 결국 관계되어 있다고 하는 헤겔 씨. 세상은 '의식'의 발로이니 대립도 자신의 의식이라는 시점에서 바라보라는 아상가 씨. 상담자도 충분히 이해하셨을까요? 사실 이 두 사람은 세계와의 관계성에 무게를 두고 세상을 본다는 점에서는 비슷합니다. 부부는 관계 그 자체니까요.

아승가의 주장

세계는 '의식'이며 싸움을 어떤 식으로 받아들일지는 자신의 의식 변화에 달렸다.

헤겔의 주장

싸움은 변증법적으로 보면 '자유'를 실현하는 중요한 경험이다.

● 싸우지 않고 살 수 있는 건 독신 남자뿐이다.

데시데리위스 에라스뮈스

● 인간은 싸울 때, 쌍방 모두 미안함을 느낀다.

괴테

● 관용은 넓은 시야를 가진 사람들의 의무다.

조지 엘리엇

유식론

세계의 모든 것은 실재하지 않고, 유일한 실재인 마음의 발로에 불과하다는 생각이다.

허망한 분별

예 : 부부 싸움

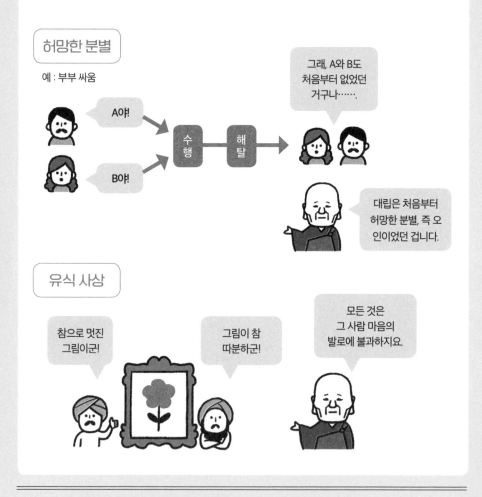

그래, A와 B도 처음부터 없었던 거구나……

A야!

B야!

수행

해탈

대립은 처음부터 허망한 분별, 즉 오인이었던 겁니다.

유식 사상

참으로 멋진 그림이군!

그림이 참 따분하군!

모든 것은 그 사람 마음의 발로에 불과하지요.

이 세상 모든 것이 마음의 발로에 불과함을 깨달으면 망설임은 사라지게 됩니다.
싸움이 끊이지 않는 부부도 깨달음을 얻으면 대립 자체가 존재하지 않음을 이해하게 되겠지요.

변증법

긍정과 부정, 각각의 모순과 대립을 더욱 고차원적으로 통일(지양)하여 발전시키려는 생각이다.

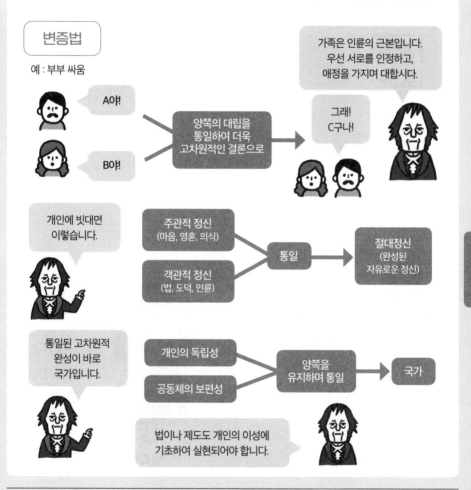

변증법

예 : 부부 싸움

A야!

B야!

양쪽의 대립을 통일하여 더욱 고차원적인 결론으로

그래! C구나!

가족은 인류의 근본입니다. 우선 서로를 인정하고, 애정을 가지며 대합시다.

개인에 빗대면 이렇습니다.

주관적 정신 (마음, 영혼, 의식)

객관적 정신 (법, 도덕, 인륜)

통일

절대정신 (완성된 자유로운 정신)

통일된 고차원적 완성이 바로 국가입니다.

개인의 독립성

공동체의 보편성

양쪽을 유지하며 통일

국가

법이나 제도도 개인의 이성에 기초하여 실현되어야 합니다.

변증법을 부부 싸움으로 빗대어 보았습니다.
A의 의견과 B의 의견 모두를 부정하면서도 둘 다 살리고,
통일된 C는 결과적으로 A와 B보다 더 고차원적으로 만듦을 목표로 합니다.

5장 | 세상

타인을 의심하면 안 되는 것일까?

상담자

사기가 성행하고 있는 요즘, 자꾸만 남을 의심하게 돼요. '믿으면 바보가 된다'라는 말도 있잖아요. 그런 풍조가 안타깝기도 하지만… 남을 의심하는 게 나쁜 일일까요?

'사람을 보면 도둑이라 여겨라'라는 말도 있듯, 속지 않는 것도 중요한 일입니다. 그러나 보는 사람마다 의심하는 건… 글쎄요, 과연 어떨까요? 인도의 독립 지도자인 간디 씨와 두 번째로 등장한 데카르트 씨의 의견을 들어봅시다.

찬반 토론 철학자

네

아니오

VS

마하트마 간디
Mahatma Gandhi (1869~1948)

'비폭력, 불복종'을 내세우며 인도 독립을 위해 헌신한 정치 지도자. 힌두교도와 이슬람교도 모두의 신봉을 받았다.

데카르트
(1596~1650)

프랑스의 철학자. 저서 《방법서설》에서 여러 가지 것들을 의심해도 의심하는 나 자신만큼은 의심할 수 없다고 주장했다.

데카르트

상담자는 타인을 의심하는 것에 대해 고민이 많으신 모양인데, 저는 인간만이 아니라 모든 사물을 우선 의심하는 것부터 시작해야 한다고 생각합니다. 그건 인간은 확실한 진리를 알지 못한다는 회의론과는 달리 반대로 확실한 진리를 알기 위한 회의인 것이지요.

간디

저도 '사티아그라하,' 다시 말해 진리를 파악하는 것을 인생의 최종적인 목표로 삼고, 그러기 위해 '브라마차리아', 꾸준히 진리만을 탐구하려는 실천적 정신을 중시했습니다. 당신이 말씀하시는, 진리를 알기 위해 우선 의심해야 한다는 게 어떤 것인인가요?

데카르트

우선 모든 것을 의심합니다. 이때 검토해야 할 문제는 가능한 세분화해서 분석하기 좋게 해둡니다. 그리고 간단하고 이해하기 쉬운 사항부터 더욱 복잡한 것까지 순서대로 생각해 나갑니다. 그리고 누락된 게 없도록 하나씩 검증하여 확인함으로써 사물의 전체를 파악하게 되지요. 그렇게 여러 검토를 이어간 결과로써 마침내 의심할 여지가 없는 확실한 진실만이 남게 됩니다. 저는 이것을 '방법적 회의'라고 부릅니다. 사람에 대해서도 무조건 의심하라는 게 아니라, 합리성을 기반으로 해야 한다는 것이지요.

간디

그렇군요. 매우 과학적인 방법론이네요. 참으로 훌륭합니다. 하지만 저는 오히려 남을 믿을 것을 주장하고 싶군요.

데카르트

어째서 그런가요? 얼른 말씀을 듣고 싶습니다.

간디

그건 바로 '아힘사'라고 불리는 사고방식입니다. 흔히 '비폭력'이나 '불살생'이라고도 불리는데, 실제로는 단순히 폭력을 부정하거나 생물을 죽이지 말라는 뜻이 아닙니다. 모든 생물을 동포로서 사랑하고, 육식하지 않으며 생명을 소중히 하라는 의미지요. 거기에는 물론 인간도 포함되어 있습니다. 그러니 모든 사람을 동포로 신뢰하고 애정을 가지고 대하는 것이 중요합니다. 그에 따라 폭력을 배제하면서 논리적으로 문제를 해결할 수 있을 거라 생각합니다.

데카르트

그렇군요. 인간의 이성이나 양심을 중시한다는 거네요. 말씀대로 어느 정도 합리성이 있는 생각으로 보입니다. 인간의 양심은 이 세상에서 가장 공평하게 분배된 미점美點이라고 할 수 있으니까요.

간디

그렇습니다. 변호사로 경력을 쌓아온 저는 우선 의뢰인을 믿었습니다. 영국에 대한 저항 운동에 대해서도 철저하게 비폭력을 관철함으로써 상대방의 양심에 호소하고, 폭력이 정의롭지 못하다는 것을 깨닫게 하여 제가 탐구하는 진리를 실현하려 했지요.

데카르트

실로 훌륭합니다. 당신은 매우 고고하고 고매한 정신을 가지신 분 같군요. 다만… 모든 인간이 똑같이 양심을 나눠 가지고 태어난다고는 해도, 세상을 살다 보면 좋은 의지를 가진 자들만 있는 건 아닙니다. 그 점을 조금만 생각해 보면 인간에 대해서도 불확실한 부분을 어느 정도 의심해 보는 것이 맞지 않나 싶습니다. 당신과 같은 생각의 함정 중 하나가 바로 당신이 불행하게 암살당했다는 사실이 아닌가 싶군요.

간디

하하하, 그럴지도 모르겠습니다. 하지만 저는 그래도 증오나 폭력에서 해방된 삶을 관철하는 방법밖에는 없었습니다. 그것이야말로 저의 진리를 증명하는 길이었으니까요. 저는 비폭력이라는 진리의 힘으로 싸워왔습니다. 그리고 이 비폭력은 인간에 대한 신뢰가 있기에 가능했던 것이고요. 양심을 가진 사람은 폭력을 가하는 쪽을 악하다고 느끼고, 반드시 비폭력을 관철하는 쪽의 편을 듭니다. 이런 인간에 대한 신뢰가 우리의 비폭력, 저항 운동을 지탱했던 겁니다.

소크라테스

네, 서로에 대한 존경이 느껴지는 좋은 토론이었습니다. 진리를 명확하게 하려고 철저하게 의심하며 진리를 추구했던 데카르트 씨. 우선 사람을 믿고 양심을 신뢰하는 것부터 시작하여 문제를 논리적으로 해결하려고 했던 간디 씨. 두 분 덕분에 매우 유익한 말씀을 들을 수 있었습니다.

데카르트의 주장

모든 일을 합리적으로 의심하고, 그렇게 해도 의심할 여지가 없는 것이야말로 진리다.

간디의 주장

모든 사람을 동포로 신뢰하고 사랑함으로써 문제를 논리적으로 해결할 수 있고 진리가 실현된다.

● 시도도 하지 않고 앞으로의 성공을 의심하는 자는 용감하다고 할 수
없다.

후쿠자와 유키치

● 철학이 의심하는 일이라면, 나처럼 마구 글을 쓰고 변덕스럽게 상념
에 잠기는 것이야말로 의심하는 일이다.

몽테뉴

● 모든 것을 의심할지 믿을지는 둘 다 편리한 해결법이다. 어느 쪽이든
간에 우리는 반성하지 않아도 되기 때문이다.

앙리 푸앵카레

방법적 회의

확실한 진리를 발견하기 위해 모든 것을 의심하고 나서도
의심할 여지가 없는 진리를 발견하려는 생각이다.

방법적 회의

방법적 회의의 그 '방법'입니다.

① 명증성의 규칙

의심할 여지도 없이 확실한 진리로 인정되는 것 이외에는 진리로 받아들일 수 없다는 것.

② 분석의 규칙

검토할 문제를 가능한 작게 세분화하는 것.

이러한 것을
철저히 행함으로써
진리를 찾아내는
겁니다!

③ 종합의 규칙

세분화한 문제를 단순한 것에서 복잡한 것으로 순서대로 고찰하는 것.

④ 검증의 규칙

빠트린 것이 없게끔 하나씩 세어가면서 전부 살피는 것.

방법적 회의

삼단논법은 연역법의 대표 격에 해당하는 것이지요.

의심할 여지가
있으면 진리가
아니다. → A에는
의심할
여지가 있다. → A는 진리로
인정할 수
없다.

저의 방법적 회의는 진리를 발견하기 위해 모든 일을 의심하는 것으로,
인간은 진리를 절대로 깨달을 수 없다는 이전의 회의론과는 전혀 다른 것입니다.
그게 바로 '근대적 자아'의 발견이었지요.

아힘사

모든 생물을 동포로 보고, 불살생과 비폭력, 전쟁 포기를 주장하는 생각이다.

 아힘사(비폭력, 불살생)

모든 생물에 대한 애정을 실현한다.

허위
부정
불합리
→ 인정할 수 없다.

 인도인이 예부터 소중히 해온 것이지요.

브라마차리아
(자기정화)

궁극적인 진리를 탐구하는 태도.

사티아그라하
(진리의 파악)

 욕망을 억누르는 것도 포함됩니다.

 진리를 파악하여 그걸 사회에 실현합니다.

철저한 비폭력

 폭력에 의한 복수

 정신적, 도덕적인 저항

 간디는 현실적인 저항으로써 비폭력을 철저히 주장했어! 대단하지 않아?

존 레논

폭력은 진리가 될 수 없습니다. 그렇다면 폭력에 폭력으로 대항하는 것 역시 진리가 아니겠지요. 저는 비폭력이라는 진리의 힘으로 싸움으로써 인도 독립을 달성했습니다.

혼자 살면 안 되는 걸까?

상담자

저는 혼자 있는 게 좋아요. 귀찮은 교우 관계에 시달리지 않아도 되고, 휴일도 자유로우니까요. 하지만 세상 사람들은 '혼자'라는 말을 좋게 보지 않아요. 혼자 살아가는 게 그렇게 부정적인 일인가요?

사람은 혼자 살아갈 수 없는 존재지만, 최소한의 관계만 맺으며 살고 싶다…… 이러한 삶에 대해 어떤 논의가 이뤄져 왔을까요? 고대 그리스의 철학자 제논 씨와 프랑스의 베르그송 씨의 논쟁이 시작됩니다.

찬반 토론 철학자

네

VS

아니오

앙리 베르그송
Henri Bergson(1859~1941)

프랑스의 근대 철학자. 사회를 '닫힌사회'와 '열린사회'로 나누어, 후자에서는 전 인류가 이어져 있다고 주장했다.

제논(스토아학파)
Zenon(기원전 335년경~기원전 263년경)

고대 그리스의 철학자. 인간의 본성은 자연법칙과 연속되어 있어서 '자연에 따라 살아가자'라는 '자연론'을 논했다.

제논

우주는 전능한 신이 로고스, 그러니까 원리와 법칙에 따라 창조한 겁니다. 그리고 인간은 동등하게 신이 나눠준 로고스를 가지고 있지요. 인간은 신의 원리와 법칙에 따라 생활하는 동시에, 이성을 가진 모든 인간은 인종도 언어도 초월한 코스모폴리스, 즉 세계 국가에 속하는 평등한 동포이기도 합니다. 인간이 어디에 살아도 그곳에는 단 하나의 생활, 단 하나의 질서가 존재하는 게 인류의 본질적인 이상입니다. 따라서 설령 고독하더라도 괜찮습니다. 당신은 그래도 세계 시민, 코스모폴리탄의 일원이니까요.

베르그송

가족이나 국가 등의 틀을 초월한 보편적인 인간애를 가지고, 인류 전체에 대한 '개방된 영혼'이야말로 인류의 보편적인 모범이다. … 이렇게 말하면 마치 제논 씨의 세계시민주의와 통하는 바가 있는 것처럼 느껴지지만, 고독에 대해서는 생각이 좀 다릅니다. 우주에서 생명의 창조적인 힘, 즉 '생명의 약동'에 의한 생명의 조류潮流는, 자기방어 본능에 기반한 '닫힌사회'에서 보편적인 인간애에 기초한 '열린사회'로 진화하는 것입니다. 그렇다면 현대를 사는 사람들은 모두 인류를 사랑하고, 적극적으로 이어지도록 해야 하는 것이 아니겠습니까?

제논

그렇군요. 정말로 제 생각과 비슷한 듯하면서도 좀 다르네요. 저는 인간의 행복은 '자연에 따라 사는 것'이라고 봅니다. 그건 신의 원리와 법칙에 기초한, 자연의 원리와 법칙을 따라 살아가는 것을 의미하지요. 신이 나눠주신 이성을 작동시킬 수 있다면 인간은 우주나 자연의 원리 및 법칙과 조화하여 살아갈 수 있습니다. 그에 따라 설령 외톨이라고 해도 인간은 세계와 이어져서 행복하게 살아갈 수 있겠지요. 고독하다는 건 그저 혼자 있는 상태에 불과합니다. 그걸 꼭 외롭게 생각할 필요는 없어요.

베르그송

과연 그럴까요? 제 생각에 고독은 실제로 외로운 감정을 동반하는 것 같은데요. 예를 들어, 저는 《웃음》이라는 책에서 웃음이란 본래 집단적인 것이라고 했습니다. 웃음이라는 건 고독 속에서는 있을 수 없는 게 아닐까요. 웃음은 사회적인 존재인 우리의 기계적인 집착을 풀어주고, 부드럽게 만들어주는 것입니다. 그보다 인간이 집단적, 사회적인 존재가 아니라면 웃음이나 유머와 같은 작용도 발휘되지 않겠지요.

제논

으음, 그런데 웃음이 그렇게나 중요한 겁니까? 저는 외부에서의 영향에 의해 발생하는 감정이나 욕망 등에 동요하지 않는 아파테이아, 즉 부동심不動心이 더 중요하다고 생각합니다. 아파테이아란 감정, 다시 말해 파토스가 없는 상태를 의미합니다. 그래서 진정으로 지혜로운 자는 항상 이성을 따르는 존재이고, 감정에 일희일비하는 일 없이 부동심을 유지할 수 있지요. 무엇보다 중요한 것은 우주나 자연의 원리나 법칙과 일치하는 삶이니, 거기에 마음의 움직임은 필요 없지 않을까요?

베르그송

제가 보기에 당신들 스토아학파의 사고방식은 너무나도 현실과 동떨어져 있습니다. 세계시민주의를 표방하면서도 그 세계

시민 아니, 그 이전에 시민이라는 존재를 '지혜로운 자'로만 한정 짓고 있지요. 노예 등의 계급이 존재했던 당신 시대에서의 인권은 제가 살았던 20세기 이후의 그것과는 인식 자체가 전혀 다릅니다. 물론 그러한 이상과 현실에 큰 차이가 있기에 거기서 유머나 웃음이 발생할 여지가 있는 겁니다만.

소크라테스

일단 여기서 논쟁을 마무리합시다. 인간은 혼자라도 우주의 원리와 법칙에 호응하며 살아간다는 제논 씨. 이에 비해 자신이나 가까운 장소라는 껍데기를 넘어 전 인류와 함께 살아가기를 주장하는 베르그송 씨. 두 분 마음속에는 작은 나 자신과의 결별이 있었던 모양입니다. 코스모폴리탄적인 생각에는 공통점이 많은 것으로 보이지만, 역시 각자 살았던 시대의 차이가 너무 큰 것 같군요. 두 분이 살았던 시대의 '세계'가 지금보다 훨씬 작고 SNS 등도 없었던 점도 고려해야 할 듯합니다. 어쨌든 상담자도 작은 나 자신을 다른 시점에서 잠시 바라보는 게 어떨까요?

제논의 주장

고독하다는 건 그저 혼자 있는 상태에 불과하다. 외롭다고 느낄 필요는 없다.

베르그송의 주장

보편적인 인류애에 기초한 '열린세계'에서는 전 인류를 사랑하며 적극적으로 이어지는 것이 중요하다.

● 남과 함께 있을 때가 가장 고독할 때다.

마르쿠스 툴리우스 키케로

● 인간의 교제 본능도 그 근본은 전혀 직접적인 본능이 아니다. 즉, 사교를 사랑해서가 아니라 고독을 두려워하기 때문이다.

아루투어 쇼펜하우어

● 스스로 원한 고독이나 타인과의 분리는 인간관계에서 생기는 고뇌에 대해 가장 쉽게 취할 수 있는 방어다.

프로이트

세계시민주의

신이 나눠주신 이성을 가진 인간은 모두 평등한 동포라는 생각이다.

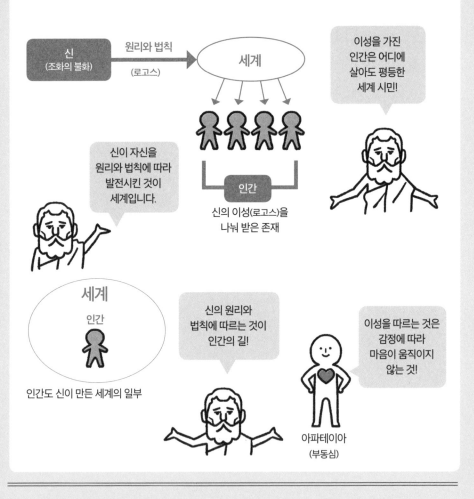

신
(조화의 불화)

원리와 법칙
(로고스)

세계

이성을 가진 인간은 어디에 살아도 평등한 세계 시민!

신이 자신을 원리와 법칙에 따라 발전시킨 것이 세계입니다.

인간

신의 이성(로고스)을 나눠 받은 존재

세계

인간

인간도 신이 만든 세계의 일부

신의 원리와 법칙에 따르는 것이 인간의 길!

이성을 따르는 것은 감정에 따라 마음이 움직이지 않는 것!

아파테이아
(부동심)

우주도, 자연도 모두 신이 만든 것으로 인간도 그 일부이니 신이 나눠준 이성에 따르는 것이
우주의 원리와 법칙입니다. 즉, 신의 원리와 법칙을 따르는 것과 마찬가지지요.

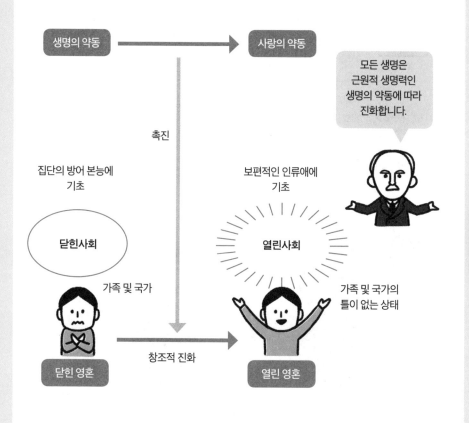

열린사회

집단의 방어 본능에 기초한 '닫힌사회'에서 인류애에 기초한 사회로 진화한다는 생각이다.

생명의 약동 → 사랑의 약동

모든 생명은 근원적 생명력인 생명의 약동에 따라 진화합니다.

촉진

집단의 방어 본능에 기초

보편적인 인류애에 기초

닫힌사회

열린사회

가족 및 국가

가족 및 국가의 틀이 없는 상태

닫힌 영혼

창조적 진화

열린 영혼

5장 | 세상

유동하는 생명의 조류는 창조적 진화를 낳습니다.
따라서 인간 사회에 있어, 닫힌 영혼이 사는 닫힌사회는,
열린 영혼이 인류애를 실천하는 열린사회로 진화하는 것이지요.

모두를 위한 '정의'가 과연 존재할까?

고민 내용

상담자

최근 같이 어울려 노는 사람들끼리 자주 의견이 갈려 싸우곤 합니다. 모두가 납득하는 정의라 할 만한 것이 있을까요? 솔직히 '정의'라는 건 사람마다 다 다를 것 같은데요……

자, 마지막 주제는 '정의'입니다. 철학자들은 각자의 '정의'에 대해 주장해 왔지만, 누구의 눈으로 봐도 옳은 '정의'가 과연 존재할까요? 마지막을 장식할 논쟁에 등장할 두 사람은 일본의 요시모토 다카아키 씨와 미국의 롤스 씨입니다. 모두 현대 철학자이지요.

찬반 토론 철학자

네

VS

아니오

롤스
(1921~2002)

요시모토 다카아키
吉本隆明 (1924~2012)

미국의 철학자. 저서 《정의론》에서 사회 만족도의 총합을 중시하는 공리주의를 부정했다.

일본의 평론가. 모든 사회제도는 세 개의 환상에 의해 성립되어 있다는 《공동환상론共同幻想論》을 저술했다.

요시모토 다카아키

단적으로 말하자면 상담자의 말씀대로 '정의'는 사람마다 다 다릅니다. 그리고 각각이 좋다고 믿는 정의도 그게 진짜 올바른지 항상 의심해야 할 필요가 있지요.

롤스

그럴까요? 저는 그렇게 생각하지 않습니다. 물론 정의의 성립에는 전제가 되는 조건이 필요하지요. 우선 사회를 구성하는 사람들에게 자유가 평등하게 분배되어야 합니다. 그다음에 자유경쟁에 의해 생기는 불평등과 격차를 시정해야 하지요. '원초적 상태'의 인간은 미래에 어떤 능력과 지위를 갖추게 될지 알 수 없습니다. 앞에서도 이야기했지만 그런 '무지의 베일'로 덮인 상태를 미리 상정한 다음, 사회 구성원의 합의에 기초하여 정의의 원리가 인정되고 그것이야말로 사회의 법이나 제도의 근본이 되는 것입니다.

요시모토 다카아키

당신이 말씀하시는 사회 구성원의 합의에 기초한 그런, 국가 등에서 나타나는 가치관은 '공동 환상'에 불과할 뿐입니다. 그러한 것은 독일을 전쟁으로 나아가게 한 전체주의처럼, 겉으로 보기에는 민주적인 과정을 거치면서 사실은 올바르지 않을 가능성이 있음을 늘 의심해야 합니다. 그리고 그걸 의심하는 건 공동 환상에 매몰되지 않은 나 자신과의 사이에 생기는 '개인 환상'입니다. 그러나 개인 환상은 자칫하면 독선적, 독단적으로 치달을 위험을 품고 있지요. 따라서 개인 환상은 타인과의 사이에서 형성되는 공동 환상과 항상 비교하여 되돌아봐야 할 필요가 있습니다.

롤스

모두 '환상'이란 말이로군요. 그러면 계속 빙빙 돌 뿐이 아닙니까. 그래서는 보편적인 정의를 절대로 달성할 수 없습니다. 제가 보기에는 당신의 이론에서는 진리를 이끌어낼 수 없을 것 같군요.

요시모토 다카아키

제 말은 정의란 달성하는 게 아니라 꾸준히 갱신되어야 한다는 겁니다. 사회 구성원의 합의에 의해 정의가 인정된다면, 결국 거기에는 절대적이고 보편적인 선은 찾아내기 어렵지 않겠습니까? 제 생각에 당신의 이론도 현실적이지는 않네요. 그리스도교 도덕에 따라 발전한 서구의 사상에는 결정적인 함정이 있는 것 같습니다. 즉, 신앙이 일종의 사고 정지에 불과하다는 겁니다. 거기에는 '왜 믿는가?'라는 근원적인 물음이 빠져 있어요.

롤스

말씀대로 일단 정의의 원리를 세운다고 해도 그 후는 현실에 맞춰 수정을 반복해야 하는 필요성, 그러니까 '반성적 평형'이 있다고 생각하면 당신의 의견에도 일리가 있군요. 하지만 당신의 생각이 공정과 거리가 멀다는 의구심을 품지 않을 수가 없습니다. 예를 들어, 사회적 소수가 평등을 요구할 때 독선이나 과도한 자기주장으로 잘못 파악할 위험도 있지 않을까요? 그런데 당신의 생각은 오래된 회의론과 어떤 차이가 있는 건가요?

요시모토 다카아키

모든 것이 인간의 인식이라는 한정적인 것에 지배되어서는 확실한 진리를 얻을 수 없다는 예전 회의론, 그리고 저의 사상의 차이를 말씀드리겠습니다. 그 차이는 '그 답이면 정말로 충분한지 의심을 끊임없이 드러내는 것'을 계속 반복하고, 거기에 따라 항상 정의를 의심하면서도 그래도 항상 정의를 갱신하려는 데 있겠지요. 저는 공동 환상이라는 개념을 제시하고, 그걸 비판해 왔는데 한편으로 그런 나 자신까지도 상대화, 대상화하여 항상 꾸준히 의심하고 있습니다.

롤스

당신이 제시하는 가변적인 정의는 제게 있어서 너무 불안정해 보이는군요. 거기에 사회적인 공정이 성립할 것 같지 않아요. 정의를 모색하기 위해서라도 우선 정의의 원리를 세우고 비판과 수정을 통해 개선해 나가야 하지 않을까요?

소크라테스

거기까지! 롤스 씨가 주장하는 '정의론'은 어떤 수준의 단순한 형태를 이루고 있는 한편, 요시모토 씨가 주장하는 '공동환상'과 '개인 환상'은 매우 난해하면서 동시에 흥미롭습니다. 공통된 것은 '정의'를 모색하는 태도입니다. 사회를 중심으로 생각할지, 아니면 개인을 중심으로 생각할지. 이렇게 사물과 현상을 음미하기 위해서도 무지에 대해 자각하는 것이 필요합니다. 그리고 다양한 사상을 접하는 것도 중요하지요. 상담자와 그리고 이야기를 듣는 여러분, 앞으로도 현실을 의심하면서 더욱 좋은 삶을 모색하시길 바랍니다. 그게 바로 철학입니다.

요시모토 다카아키의 주장

지금 있는 '정의'는 정말로 그것이면 충분한지 항상 의심해야
한다.

롤스의 주장

사회 구성원의 합의에 기초한 보편적인 '정의의 원리'를 우선
세우고, 거기서 발생하는 불평등이나 격차를 시정해 나가야
한다.

● 자신의 정의를 역설하기만 하는 자를 신뢰하지 마라.

니체

● 정의가 가져오는 최대의 소득은 마음의 평안이다.

에피쿠로스

● 정의의 척도는 목소리의 다수가 아니다.

프리드리히 폰 실러

공동환상론

국가나 종교, 법 등 인간이 공동으로 만들어낸 시스템은 모두 환상이라는 생각이다.

패전의 체험

전쟁 중

패전

이 전쟁을
옳은 것이야!

황국, 군국 소년이었던
요시모토

어…?

전쟁 중의 일본인은
'이 전쟁이 옳다'
라는 공동 환상에
매몰되어
있었던 거구나…?

전쟁 후의 요시모토
다카아키

모든 것을
의심해야 해!

비판

군국주의에 동조한 사람들

대중의 삶과 거리가
먼 사상은 잘못됐어!

공동환상론

둘 다 환상이므로
양쪽을 맞대어
정의가 무엇인지
직시해야 해!

공동 환상   국가나 법
→ 전체에 끌려가기 쉬움

개인 환상   예술이나 문학
→ 독단에 빠지기 쉬움

정의는 항상 의심해야 하고 부단히 갱신해야 합니다.
'답이 이것으로 충분한지 꾸준히 의심을 드러내는 것'을 반복하는 한편,
그런 나 자신도 계속 의심해야 할 필요가 있습니다.

정의론

정의의 원리는 사회 구성원의 합의에 따라 기초하여 형성 및 인정된다는 생각이다.

원초적 상태

미래에 어떤 능력과 지위를 가질지 모르는
'무지의 베일'을 상정한다.

이런 상태에서 무엇이 공정하고 공평한지
사회 구성원이 합의한 것이야말로 정의입니다.

무지의 베일

누구나 내일을 알 수 없다.

열심히 돈을 많이
벌어야지!

다쳐서 일을
못 하게 됐어!

어떤 보장 제도가
있어야 공평하지
않겠습니까?

일의 양과 종류에 따라 수입에 차이가 생기는 건 당연합니다.
거기에는 그 누구도 이의를 제기하지 않겠지요. 한편, 사회 보장 등의 격차 시정으로
누구나 어느 정도 납득할 수준의 삶을 살아갈 수 있는 것이 사회적인 정의 아닐까요…?

더 알고 싶은

철학자 도감 13

니시다 기타로

西田幾多郎
(1870~1945)

일본의 철학자. 근대 일본을 대표하는 철학자로, 그의 사상은 '니시다 철학'이라고 불린다. 서양의 사상인 주관과 객관의 이항 대립을 부정하고, 주관과 객관이 미분화된 '순수 경험'을 중시했다. 주요 저서로는 《선의 연구》, 《자각에서의 직관과 반성自覺に於ける直觀と反省》 등이 있다.

니시다는 서양 철학을 받아들이는 것에 그치지 않고 일본의 독자적인 철학 체계를 확립하려 했다. 그는 주관과 객관을 대립하는 것으로 받아들이는 서양 철학에 의문을 품고, 주관과 객관이 미분화한 '주객미분主客未分'의 상태에서의 '순수 경험', 유有와 대립하는 존재로서의 무가 아니라 유와 무의 상대성을 초월한 '절대무絶對無'라는 개념을 제창했다. 절대무는 절대적인 유와 무를 비롯하여 모든 것의 근거라고 할 수 있는 절대적인 것을 의미한다.

더 알고 싶은
철학자 도감 14

구키 슈조

九鬼 周造
(1888~1941)

일본의 철학자. 도쿄제국대학교에서 철학을 배우고, 유럽으로 유학하여 하이데거의 가르침을 받았다. 귀국한 뒤 교토제국대학교 철학과 교수가 되어 하이데거의 사상을 일본에 소개했다. 주요 저서로는 《이키의 구조》, 《우연성의 문제偶然性の問題》가 있다.

구키 슈조의 저서 《이키의 구조》는 에도 시대의 미의식인 '이키粋'에 대해 고찰하고 분석한 것이다. 구키는 이키를 '기개', '요염함', '체념'이라는 세 가지 요소로 보고, 그 반대를 '야보野暮'라고 규정했다. 그는 사생활에서도 이키를 중시하여, 기온의 게이샤를 아내로 맞이했을 뿐만 아니라 기온에서 교토제국대학교까지 인력거를 타고 출근했다고 한다. 또한, 《우연성의 문제》에서는 인간은 우연히 태어나며 그 우연 속을 살아가고 있다고 말했다.

더 알고 싶은
철학자 도감 15

미키 기요시

三木清
(1897~1945)

일본의 철학자. 일본 역사철학의 창시자이며 하이데거,
니시다 기타로, 마르크스 등의 사상에 영향을 받아 독
자적인 철학을 확립하려 했으나, 제2차 세계대전 중에
체포되어 옥중에서 생을 마감했다. 주요 저서로는 《파
스칼의 인간 연구》, 《역사철학歷史哲學》, 《인생론 노트》
가 있다.

교토제국대학교에서 니시다 기타로의 가르침을 받았고, 독일로 유학하여 하
이데거의 영향을 받으면서 마르크스주의에 접근한 미키는 호세이대학교 교수
가 되어 휴머니즘적 입장에서 마르크스주의를 철학적으로 논했다. 니시다 철
학을 계승하면서, 역사가 주체와 객체, 로고스(이성)와 파토스(감정)의 변증법적
통일의 과정이라고 보는 그의 사상은 당시 큰 주목을 받았다. 그러나 마르크스
주의나 반파시즘을 설파한 미키는 정부의 감시 대상이 되어 비명횡사했다.

플라톤	소크라테스 선생님, 상담 요청이 모두 끝났습니다.
소크라테스	음… 그렇군.
현대인	무슨 의사와 간호사처럼 말씀하시네요.
소크라테스	오오, 당신은 첫 질문을 던졌던 그 청년이 아닙니까. 그러고 보니 당신의 질문인 '생각이란 무엇인가'에 대해서 이야기해야겠군요. 이제 어느 철학자를 불러야 하나…….
현대인	괜찮습니다. 당신들의 대화를 지켜보다 보니 왠지 알 것 같네요.
소크라테스	그런가요?
현대인	결국 여러 생각을 가진 사람들은 있어도, 보편적인 고민에 대한 정답은 없다. 하지만 그러므로 여러 사람의 생각을 배우고 나의 시야와 사고방식을 넓히는 게 중요하다는 거잖아요. 그게 바로 생각, 지속적인 사고의 한 기능이라는 거고요.
소크라테스	훌륭합니다! 덧붙이자면, 여러 사람의 생각을 듣고 자기 안에서 그 사고에 깊이를 더해야 하지요. 그리고 도달한 결론은 당

신만의 '정답'이 되겠지요. 그러니 앞으로도 살면서 고민하고 충분히 괴로워하세요!

현대인 가능한 괴로움은 없었으면 좋겠는데 말이지요······.

소크라테스 이제 우리도 돌아가야겠군. 자, 모두들 그리고 플라톤, 이제 돌아가지. 현대인의 고민도 들었고, 그도 사고를 더 진전시킬 수 있었던 것 같으니, 돌아가서 다른 논의를 해 보는 게 어떻겠나. 그럼 다음에 또 만납시다!

현대인 네, 감사합니다!

마치면서

여러 철학자들이 몇천 년간 숙고해온 사상적 주제와 문제의식이 사실은 우리가 품고 있는 고민과 다르지 않다는 것을 느끼셨나요? 그리고 내 문제에 적용할 만한 부분도, 공감할 수 있는 지점도 있었을 것입니다.

철학은 사물의 본질을 생각하는 작업입니다. '시작하면서'에서도 언급했듯, 다양한 사상을 통해 답을 찾아낼 때까지의 과정이 중요하지요. 그러기 위해 이 책은 다음의 세 가지 포인트에 초점을 맞췄습니다.

1. 동서고금을 따지지 않고 가능한 많은 사상을 알기 쉽게 소개한다.
2. 찬반 논쟁을 통해 고민에 대한 답을 찾으려는 과정을 중시한다.
3. 한 권의 입문서로서 사전 형식을 취하면서 풍부한 도해를 넣는다.

우리는 자판기처럼 문제가 생기면 금방 답을 찾길 바라며, 간단하고 단순한 해결책부터 찾으려는 경향이 있습니다. 그러나 그건 진정한 의미에서의 고민에 대한 답이 될 수 없습니다. 많은 철학자가 고민의 본질에 다가가기 위해 몇천 년의 시간을 들여 쌓아온 말을 영양분으로 삼아 스스로 철학해 보세요. 그러면 아마 인생도 더 재밌어질 겁니다.

부디 이 책이 많은 고민을 조금이라도 해결해서 당신의 삶에 철학을 다시금 받아들이는 계기가 되길, 또 그 철학을 통해 인생이 풍성해지길 진심으로 바랍니다.

마지막까지 이 책을 읽어주셔서 감사합니다.

하타케야마 소

■ 고이즈미 요시유키,《레비나스 무엇을 위해 사는가レヴィナス 何のために生きるのか》, [NHK슛판, 2003]

■ 나가이 히토시,《이것이 니체다これがニーチェだ》, [고단샤겐다이신쇼講談社現代新書, 1998]

■ 나카무라 하지메,《부처의 말ブッダの言葉》, [신쵸샤新潮社, 2014]

■ 나카오카 나리후미,《하버마스 커뮤니케이션적 행위ハーバーマス コミュニケーション的 行為》, [치쿠마가쿠게이분코ちくま学芸文庫, 2018]

■ 노토미 노부루,《플라톤과의 철학 대화편을 읽다プラトンとの哲学 対話篇をよむ》, [이와나미신쇼, 2015]

■ 노토미 노부루,《플라톤 철학자란 무엇인가プラトン 哲学者とは何か,》, [NHK슛판, 2002]

■ 도메 다쿠오,《지금 애덤 스미스를 다시 읽는다》, (우경봉 옮김, 동아시아, 2010)

■ 마루야마 마사오,《일본의 사상日本の思想》, [이와나미신쇼岩波新書, 1961]

■ 모토오리 노리나가,《일본의 명저 21 모토오리 노리나가日本の名著21 本居宣長》, [추코백스中公バックス, 1984]

■ 미셸 푸코,《감시와 처벌》, (오생근 옮김, 나남, 2020)

■ 미셸 푸코,《광기의 역사》, (이규현 옮김, 나남, 2020)

■ 사쿠 야스시,《NHK 텍스트 100분 명저 '공자 논어'NHK テキスト '100分 de 名著' ブックス 孔子 論語》, [NHK슛판, 2012]

■ 센자키 아키나카,《NHK 텍스트 100분 명저 '요시모토 다카아키 공동환상론'NHK

テキスト '100分 de 名著' 吉本隆明 共同幻想論》, [NHK슛판, 2020]

- 알베르 카뮈,《이방인》, (김화영 옮김, 민음사, 2011)
- 알베르트 슈바이처,《물과 원시림 사이에서》, (송영택 옮김, 문예출판사, 1999)
- 에리히 프롬,《소유냐 존재냐》, (차경아 옮김, 까치, 2020)
- 에리히 프롬,《희망의 혁명》, (김성훈 옮김, 문예출판사, 2023)
- 와쓰지 데쓰로,《인간의 학으로서의 윤리학人間の学としての倫理学》, [이와나미분코岩波文庫, 2007]
- 우메키 다쓰로,《사르트르 잃어버린 직접성을 추구하며サルトル 失われた直接性をもとめて》, [NHK슛판NHK出版, 2006]
- 우메하라 다케시,《우메하라 다케시의 불교 수업 호넨·신란·잇펜梅原猛の仏教の授業 法然·親鸞·一遍》, [PHP 연구소PHP研究所, 2014]
- 윤리자료집편집부 엮음,《윤리용어집倫理資料集》, [야마카와슛판샤, 1997]
- 짓쿄슛판 편찬부 엮음,《2021 신정치·경제자료 제3개정판2021新政治·経済資料 三訂》, [짓쿄슛판実教出版, 2021]
- 카와모토 타카시,《롤스: 현대사상의 모험자들ロールズ: 現代思想の冒険者たち》, [고단샤講談社, 1997]
- 카와시모 마사루,《인간과 사상 184 아시시의 프란치스코人と思想 184 アッシジのフランチェスコ》, [시미즈쇼인清水書院, 2016]
- 칼 야스퍼스,《철학1~3》, (이진오 외 5인 옮김, 아카넷, 2017~2019)
- 칼 야스퍼스,《철학입문Einführung in die Philosophie》, [신쵸분코新潮文庫, 1954]

289

- 하마이 오사모·고데라 사토시 편집, 《윤리용어집 제2판倫理用語集 第2版》[야마카와슈판샤山川出版社, 2019]
- 하마지마쇼텐, 《최신도설윤리最新図説倫理》, [하마지마쇼텐, 2018]
- 하타케야마 소, 《생각하는 힘을 키우는 철학하다》, (장세후 옮김, 지식여행, 2012)
- 하타케야마 소, 《하타케야마의 쉽게 배우는 논리, 정치 경제 완성 강의畠山のスッキリわかる 倫理' 政治·経済完成講義》, [일본입시센터日本入試センタ―, 2020]
- 히로마쓰 와타루 외 편집, 《이와나미의 철학·사상 사전岩波 哲学·思想事典》, [이와나미쇼텐岩波書店, 1998]

● 추오코론신샤中央公論新社의 《세계의 명저 시리즈世界の名著シリ―ズ》

1. 《브라만 교전バラモン教典》, 나가오 가진長尾 雅人 편집
2. 《대승불전大乘仏典》, 나가오 가진 편집
6. 《플라톤 Iプラトン I》, 다나카 미치타로田中美知太郎 편집
7. 《플라톤 Ⅱプラトン Ⅱ》, 다나카 미치타로 편집
8. 《아리스토텔레스アリストテレス》, 다나카 미치타로 편집
19. 《몽테뉴モンテ―ニュ》, 아라키 쇼타로荒木昭太郎 편집
20. 《베이컨ベ―コン》, 후쿠하라 린타로福原麟太郎 편집
22. 《데카르트デカルト》, 노다 마타오野田又夫 편집

24. 《파스칼ㅅ스ヵ儿》, 마에다 요이치前田陽一 편집

27. 《로크/흄ㅁゥヶ/ヒュ_ム》, 오쓰키 하루히코大槻春彦 편집

31. 《애덤 스미스ㄱ々ム·ㅅミス》, 오코우치 가즈오大河内一男 편집

32. 《칸트ヵント》, 노다 마타오 편집

35. 《헤겔ヘ_ゲ儿 》, 이와사키 다케오岩崎武雄 편집

38. 《벤담/J.S.밀ヘンサム/J.S.ミ儿》, 세키 요시히코関 嘉彦 편집

40. 《키르케고르ヰ儿ヶゴ_儿》, 마스다 게이자부로桝田啓三郎 편집

43. 《마르크스/엥겔스 Ⅰマ儿ヶス/エンゲ儿スⅠ》, 스즈키 고이치로鈴木鴻一郎 편집

44. 《마르크스/엥겔스 Ⅱマ儿ヶス/エンゲ儿スⅡ》, 스즈키 고이치로 편집

46. 《니체=_チェ》, 데즈카 도미오手塚富雄 편집

48. 《퍼스/제임스/듀이ハ_ス/ジェイムズ/デュ_イ》, 우에야마 슌페이上山春平 편집

53. 《베르그송ヘ儿ヶソン》, 오모다카 히사유키澤寫久敬 편집

62. 《하이데거ハイデガ_》, 하라 다스쿠原 佑 편집

63. 《간디/르네ガンジ_/ネ儿_》, 로우야마 요시로蝋山芳郎 편집

*그 외, 다양한 서적을 참고했습니다.

인생의 고민 앞에서 철학자들을 만난다면

철학자들의 토론회

제1판 1쇄 발행 | 2023년 11월 10일
제1판 3쇄 발행 | 2024년 6월 7일

지은이 | 하타케야마 소
그린이 | 타키 레이
옮긴이 | 김진아
펴낸이 | 김수언
펴낸곳 | 한국경제신문 한경BP
책임편집 | 최경민
저작권 | 박정현
홍　보 | 서은실·이여진·박도현
마케팅 | 김규형·정우연
디자인 | 장주원·권석중
본문디자인 | 디자인 현

주　소 | 서울특별시 중구 청파로 463
기획출판팀 | 02-3604-590, 584
영업마케팅팀 | 02-3604-595, 562   FAX | 02-3604-599
H | http://bp.hankyung.com   E | bp@hankyung.com
F | www.facebook.com/hankyungbp
등　록 | 제2-315(1967. 5. 15)

ISBN 978-89-475-4923-3 03100